Riccardo Mandelli

YAHWEH A SANREMO

Il misterioso
legame tra città del
Festival e Sionismo

INDICE

PROLOGO NEL CASINÒ

29 aprile 2021

L'evento di questo pomeriggio è blindato, senza pubblico per ragioni di sicurezza, ma ci sono le telecamere di Rai 2 che lo trasmettono in mondovisione. Nel teatro della casa da gioco si prepara l'orchestra. Sul grande schermo alle spalle dei musicisti campeggia una scritta dalla data apparentemente anacronistica: *Sanremo 1920. Preludio allo stato d'Israele.* Ancora qualche minuto e la voce del soprano Chen Reiss intona finalmente le prime note di *Yerushalayim shel zahav, Gerusalemme d'oro,* canzone tra le più amate dal pubblico ebraico:

Aria di monti limpida come vino e fragranza di pini
portata dal vento del crepuscolo, con una voce di campane,
in un sonno di albero e di pietra, prigioniera del suo sogno,
sta la città che siede solitaria, nel cui cuore c'è un muro…

Gerusalemme, Gerusalemme, «nome che arde sulle nostre labbra come un bacio». Si spegne la melodia nostalgica, piena di riferimenti biblici, e sullo schermo iniziano ad apparire le facce ordinarie delle autorità che inviano i loro saluti e i messaggi augurali. Parla da Roma il presidente della Camera, Maria Elisabetta Casellati. Tocca poi al ministro degli Esteri, Luigi Di Maio. In collegamento da Tel Aviv segue il premier israeliano Benjamin Netanyahu, con sfondo di libri, foto di famiglia e bandiera del suo paese. Non riusciamo a ricostruire le sue parole, ma i discorsi di questi giorni vertono tutti sullo stesso argomento: la conferenza di pace tenuta a Sanremo nell'aprile 1920 aveva decretato il diritto del popolo ebraico a edificare uno stato nazionale in Palestina, la terra assegnatagli da Dio. Una decisione presa dai vincitori della prima guerra mondiale, in testa la Gran Bretagna, che avrebbe assunto il "mandato" su quella regione per esercitarlo fino al 1948. Come spiegava questa mattina l'ambasciatore di Israele in Italia, Dror Eydar: «È importante che anche gli israeliani conoscano il nome di Sanremo come un "codice" per sapere che in questo luogo abbiamo ricevuto per la prima volta, dopo la distruzione di Gerusalemme del 70 dopo Cristo – 1850 anni – il riconoscimento del mondo dei nostri diritti sulla Terra Santa e anche il diritto a ricostruire ciò che una volta avevamo. Vogliamo che prima tutti gli israeliani lo sappiano, e poi anche il resto del mondo…».[1]

Nel 2020 Eydar aveva già pianificato con il sindaco di Sanremo le celebrazioni del centenario. Per la città si prefigurava un afflusso di due o tremila visitatori. Poi quel dannato virus cinese aveva bloccato tutto. Dopo un anno, con la situazione in via di miglioramento e l'inizio della campagna vaccinale, gli israeliani hanno deciso di non aspettare più:

«Era bellissimo per noi fare questo grande evento – tirava le somme l'ambasciatore davanti ai cronisti locali – per la gloria di Israele ma per la gloria anche dell'Italia e di Sanremo. Sanremo ha partecipato a un grande capitolo della nostra lunga storia, la storia del popolo ebraico, contribuendo a realizzare le profezie bibliche sul ritorno a Sion».

"Città dei fiori", ma anche di intrighi politici e affari senza nome, Sanremo ha visto competere per la vittoria nel Festival canzoni blandamente metafisiche come *Al di là*, *La vita finisce*, *Un'anima leggera*, *Prima del paradiso*. Il paragone con l'Eden è stato spesso utilizzato nelle campagne promozionali del turismo. Una certa aura soprannaturale, per quanto eretica, l'ha sempre circondata. Le mancavano Isaia, Geremia, Ezechiele, Daniele e tutti i profeti della Bibbia.

Finita la carrellata delle autorità in collegamento video, sale sul palco la star internazionale Andrea Bocelli, smoking e chioma alata. Nel 1994 aveva vinto una sezione del Festival con *Il mare calmo della sera*. Stavolta ci regala, in inglese, *You'll never walk alone*, canzone nata per un musical americano e adottata dai tifosi del Liverpool come inno della loro squadra. Per tutti quelli che hanno dovuto sopportare sconfitte dolorose, abbandoni, tragedie, eppure sentono che dentro di loro, nelle profondità più remote dell'anima, rimane un nucleo invincibile, eterno e trasparente come il più prezioso dei diamanti:

When you walk through a storm
Hold your head up high
And don't be afraid of the dark…

«Quando cammini attraverso una tempesta, mantieni la testa alta e non avere paura del buio. Alla fine della tempesta c'è un cielo dorato e il dolce canto d'argento di un'allodola. Continua a camminare nel vento. Continua a camminare sotto la pioggia. Anche se i tuoi sogni verranno spezzati e voleranno via, continua a camminare con la speranza nel cuore. Non camminerai mai solo».

MILORD

Un quarto di giro del mondo

Quando aveva ventidue anni e non era ancora il conte di Mexborough, John Horace Savile fece un lungo viaggio di iniziazione. Il 14 luglio 1865 lo troviamo a Londra, davanti a un binario della stazione di Ludgate Hill, tra locomotive fumanti e facchini che trasportano bauli. Dopo due settimane e qualche sosta nelle principali città tedesche del nord posava i piedi a San Pietroburgo, giusto in tempo per riunirsi con il suo compagno di avventure, un certo capitano W., proveniente da Stoccolma. I due passarono alcuni giorni sulle larghe "prospettive" della capitale, unendosi ai russi che festeggiavano il nuovo erede al trono, il futuro zar Alessandro III. Poi presero il treno per Mosca e fecero un po' i turisti sulla Piazza Rossa, tra la cattedrale di San Basilio e il Cremlino.

In quel tempo le ferrovie finivano a Mosca. Da lì in avanti cominciava il bello. A Kazan', capolinea del commercio con la Cina, John Horace e W. contrattarono un passaggio su un battello a vapore comandato da un dalmata che parlava cinque lingue. Discesero il Volga fino ad Astrakan, dove si imbarcarono per il Mar Caspio su un'altra nave che li depositò presso la fortezza di Machač kala, in Dagestan. Arrivava ora un tratto veramente pericoloso: il Caucaso settentrionale, messo a ferro e fuoco dalla repressione zarista contro i ribelli musulmani. Lo percorsero un po' a cavallo e un po' su uno scomodo carro da trasporto chiamato *telega,* fino a raggiungere le regioni cristiane.

Si scolarono parecchie bottiglie di vino georgiano a Tbilisi e fecero qualche incursione nei monasteri armeni di Erevan, prima di passare la frontiera tra Russia e Persia a Culfa, oggi in Azerbaigian. Durante l'autunno esplorarono le città iraniane più importanti, spostandosi lentamente verso sud. Quando toccarono Bušehr, sul Golfo Persico, John Horace era ancora incerto se tornarsene a casa o imitare W., che proseguiva per Bombay (probabilmente si chiamava Winston, visto che gli albergatori storpiavano il suo nome in Minston, Miryton, o anche Miss John). Ci pensò sopra per un mese, e mentre rifletteva misurò l'efficacia della propria Colt gareggiando con un connazionale che possedeva una Deane and Adams, la pistola dell'East India Company. Vinceva chi colpiva per primo una bottiglia dalla distanza di venticinque passi. Venticinque colpi a testa, tutti miseramente a vuoto, davanti all'intera popolazione indigena accorsa sulla spiaggia per assistere allo spettacolo. Verso la metà di febbraio John Horace risolse l'aut-aut che ci avvisa della nostra umana fragilità: imboccò la via del ritorno, decisione che, conoscendolo meglio, crediamo avesse già preso dall'inizio senza ammetterlo. Raggiunse l'Impero ottomano via mare, risalì il Tigri a bordo di un battello, si lasciò alle spalle Al-Kût ed entrò finalmente a Baghdad, la città delle mille e una notte. Primo commento: «Il viso delle donne è meno velato che in Persia, in compenso non c'è niente da vedere».

A quel punto doveva attraversare il Kurdistan, terra di predoni che assaltano le carovane e violentano i viaggiatori maschi e femmine. A Mosul fece acquisti nel bazar e li spedì a Londra via Bombay, senza mai riceverli. Quando si rimise in sella (la sua personale, se l'era portata dietro da Londra) lo aspettavano distese che un giorno sarebbero appartenute a paesi chiamati Iraq e Siria. Pernottò a Nusaybin, ora città di frontiera con l'attuale Turchia; superò Diyarbakır e la catena innevata del Tauro orientale, fino a raggiungere Sivas e da lì la costa del Mar Nero. A Samsun si imbarcò su un vapore russo che fece scalo a Inebolu per caricare decine di poveracci sfruttati come manodopera a basso costo da trafficanti senza scrupoli. Dopo tre giorni di navigazione la foschia si diradò, lasciando intravedere l'imboccatura del Bosforo, protetta sui due lati dalle vecchie fortezze ottomane. Scese nell'albergo migliore di Costantinopoli, il Misseri's, una vera e propria oasi di comfort, un annuncio rassicurante di civiltà. Si arrampicò fino in cima alla torre di Galata e scrutò l'orizzonte cercando di sondare i confini del proprio destino. Qualche giorno più tardi risalì a bordo di una nave che lo portò sulla sponda opposta del Mar Nero, a Costanza, da dove raggiunse Vienna. Nella primavera inoltrata del 1866 era di nuovo a Londra.

L'anno seguente John Horace pubblicò il diario del suo viaggio in un libro intitolato *Half Round the Old World*.[2] I contemporanei lo lessero un po' come una guida turistica e un po' come un vivace racconto su posti lontani. Dopo un secolo e mezzo, quasi tutti i nomi delle località toccate dal giovane aristocratico britannico suonano alle nostre orecchie come cupi presagi. Annunci di guerre, devastazioni e attentati terroristici. Ripetere ora lo stesso itinerario sarebbe decisamente più rischioso: Mosul, Baghdad, il Golfo Persico, Al-Kût, Bassora, Nassiriya, lo Shatt Al-'Arab, il Kurdistan, rimandano a scenari di una violenza che sembra la sola realtà rimasta a queste regioni.

I corpi sono ponti che attraversano il tempo

I Savile erano arrivati in Inghilterra dalla Normandia, verso la metà del XII secolo, con la prospettiva di togliere spazi alla nobiltà anglosassone che resisteva alla sottomissione imposta dai conquistatori. Nel 1381 un loro discendente di nome John diventava sceriffo dello Yorkshire. Un paio di secoli dopo la famiglia annoverava cavalieri, baronetti, giudici, un ramo di conti e uno di marchesi destinati all'estinzione.

A noi che cerchiamo qualche traccia di cose occulte e misteriose, o almeno un barlume di predestinazione, il primo esemplare interessante sembra un "antiquario" vissuto alla fine del XVI secolo. Thomas Savile trattava infatti merce particolare, come oggetti magici di epoche passate e popoli esotici. Tra i suoi clienti annoverava John Dee, il grande stregone inglese del Rinascimento. Un altro Savile in buoni rapporti con Dee e con i suoi contatti celesti si chiamava Henry, fondatore nel 1619 della cattedra di astronomia a Oxford.[3]

Pochi anni dopo Samuel Savile andò a insediarsi a Mexborough, la futura contea della famiglia. Uomo colto ed eloquente, Carlo I Stuart lo aveva già inviato in Francia con funzioni di ambasciatore. Nel 1642, quando la frattura tra Corona e Parlamento si fece insanabile e scoppiò la guerra civile, Savile entrava nelle guardie del corpo del sovrano. Finì imprigionato da Cromwell nella fortezza repubblicana di Hull, ma almeno riuscì a salvare la pelle, al contrario del re, decapitato nel 1649.

Dopo la svolta costituzionale del 1689 e la salita al trono degli Hannover nel 1714, i nipoti di Samuel si schierarono con la nuova casata, tanto che nel 1753 Giorgio II nominava John Savile barone di Pollington e Longford. Non era finita lì: nel 1766 Giorgio III innalzava lo stesso John al rango di visconte di Pollington e Ferns nella contea di Wexford, e conte di Mexborough e Lifford nella contea di Donegal. Aveva preferito crearlo "pari d'Irlanda" perché, come pari d'Inghilterra (Mexborough e Pollington sono nello Yorkshire), gli sarebbe spettato di diritto un posto alla Camera dei Lord, mentre al re serviva un uomo fidato che sedesse ai Comuni per sostenere la sua politica conservatrice contro il partito Whigs.[4]

John Savile scelse come simbolo araldico tre civette, l'uccello della sapienza e delle sue ombre notturne. La dimora della famiglia era da un paio di secoli Methley Hall, a una trentina di chilometri da Mexborough e altrettanti da Pollington, che si trovano a loro volta più o meno alla stessa distanza, così che le tre località formano i vertici di un triangolo collocato quasi nel centro dell'Inghilterra. Il Lord fece ingrandire e ristrutturare la sua proprietà secondo forme gotiche, con grandi vetrate che si estendevano dal pavimento ai soffitti.

Quando un Savile diventava conte di Mexborough per la morte del padre, il titolo di visconte di Pollington passava al figlio primogenito, e così via. Il secondo Lord proseguì l'attività politica di suo padre. Nella vita privata allevava galli della temibile razza Cheshire Piles, che faceva combattere a Manchester in scontri dove volavano penne e scommesse insanguinate.[5]

Erano gli anni in cui la rivoluzione industriale stava trasformando la pianura inglese in una distesa di ciminiere fumanti. Le farfalle nascevano più scure per ragioni che saranno chiarite dalla teoria della selezione naturale e la cittadina agricola di Mexborough si convertiva in un importante snodo ferroviario popolato da operai tubercolotici. Il terzo Lord, di nome John come suo padre e suo nonno, era Gran Maestro Provinciale della massoneria, con aspirazioni al grado massimo della Gran Loggia Unita d'Inghilterra.[6] Purtroppo, tra assemblee di incappucciati, demoni personali e speculazioni finanziarie, gli andò storto qualcosa. Nel 1845 venne condannato per bancarotta e traffici illeciti in borsa, le sue proprietà finirono sotto sequestro e dovette ritirarsi a vivere in una casetta.[7] Il figlio minore si era incamminato verso la stessa fine, se non peggio.[8] Solo il primogenito poteva salvare l'onore della famiglia.

John Charles George aveva già fatto la sua prima apparizione in Parlamento nel 1831, quando aveva poco più di vent'anni ed era appena diventato visconte di Pollington. Poi si era messo a viaggiare: Russia, Persia, India. Alla fine del 1834 era partito per l'Impero ottomano insieme con il suo compagno di college Alexander William Kinglake. Tornarono come personaggi letterari. Le avventure nelle terre dei sultani avevano ispirato infatti a Kinglake *Eō then; or, Traces of Travel Brought Home from the East*, dove Savile appariva sotto il nome di Methley. Il pubblico vittoriano decretò al libro un successo straordinario.

Ma Kinglake e Savile non viaggiavano solo per desiderio romantico di avventura. Il loro scopo era anche quello di seguire da vicino gli avvenimenti politici che interessavano l'Impero ottomano. La "questione orientale", iniziata ai tempi di

Napoleone, stava infatti entrando nel vivo. Tra il 1831 e il 1833 l'Egitto di Muhammad 'Ali, vassallo di Costantinopoli solo sulla carta, aveva preso il controllo della Siria, del Libano, della Palestina e dell'Hegiaz, cioè la costa arabica del Mar Rosso. Le principali potenze europee erano dovute intervenire per fermare in conflitto, misurando le rispettive forze in un confronto indiretto durato per decenni.

Nello stesso periodo stava tornando di attualità la millenaria "questione ebraica". Gli ambienti politici londinesi cominciavano a valutare se un reinsediamento degli ebrei in Palestina non potesse tornare utile come cuscinetto tra l'Egitto e il traballante Impero ottomano. Kinglake ne aveva incontrati parecchi durante il viaggio. Spesso si trattava di vecchi malconci, venuti da tutte le parti del mondo a posare le ossa nella Terra Santa, dove alla fine dei tempi sarebbe iniziata la resurrezione dei morti. Quando li interrogava su Gesù, rispondevano che avrebbe compiuto dei miracoli, forse, ma come un mago, nel nome di qualche potenza più o meno oscura.

Già che si interessava di loro, gli ebrei chiesero a Kinglake se i britannici potessero difenderli contro gli indigeni arabi. A dire la verità erano vissuti in pace fino all'inizio dell'anno, il 1834. Poi era successo che un imam, stanco di vederseli intorno sempre più numerosi, aveva profetizzato che il 15 giugno sarebbero stati spogliati delle loro ricchezze. Quel giorno la gente era scesa in piazza per verificare se fosse vero. Niente di niente fino al tramonto, quando l'imam era piombato lì per scatenare il pogrom di persona.[9]

"Methley" non era arrivato con Kinglake in Palestina. A Smirne una lettera dall'Inghilterra lo aveva infatti costretto a interrompere il viaggio, probabilmente per un imprevisto turno elettorale. Nel 1835 rientrò in Parlamento come rappresentante conservatore del distretto di Pontefract, Yorkshire. Per dare un'idea del periodo, Charles Dickens stava scrivendo *Oliver Twist*, romanzo che analizzava i mali della società inglese attraverso gli occhi di un ragazzino: la povertà, lo sfruttamento dei minori, la criminalità urbana e l'ipocrisia generalizzata. Due anni dopo saliva sul trono la regina Vittoria, inaugurando un'epoca che sarebbe durata per più di sessant'anni, con la Gran Bretagna al culmine della sua potenza.

Nel 1838 il visconte di Pollington era di nuovo in Anatolia orientale, Armenia e Siria, ufficialmente per effettuare rilievi cartografici, ma anche per starsene lontano dalla famiglia e risparmiare denaro.[10] Nel resoconto pubblicato sul giornale della Royal Geographical Society descriveva i turchi come «onesti, veritieri e degni di fiducia»; tutto l'opposto degli arabi, «ladri e traditori».[11]

Nel 1840 troviamo John Charles George a Napoli, che gli appariva come «la città più dissoluta del continente», un record raggiunto anche grazie agli inglesi che vi abitavano.[12] Nel 1841 venne eletto ancora in parlamento. L'anno seguente sposò Rachel Katherine Walpole, della dinastia che aveva dato alla Gran Bretagna grandi leader politici e scrittori che hanno fatto la storia della letteratura. Il futuro primo ministro Benjamin Disraeli ci offre un ritrattino caratteriale della ragazza nel suo romanzo *Coningsby; or, The New Generation*:

Era pura come la neve, ma dato che sua madre aveva avuto un divorzio, riteneva di tributarle una specie di omaggio frequentando quelli che un giorno avrebbero potuto trovarsi nella stessa condizione.[13]

In un'Inghilterra altezzosa, con un intricato sistema classista, pronta a rimarcare crudelmente le differenze di nascita e rango, Savile e i suoi amici conoscevano la ferita sociale e il desiderio di riscatto. Uno dei caratteri centrali di *Coningsby* è quello di Sidonia, un ardente nazionalista ebraico, un vero e proprio fanatico, convinto che in Europa non sia esistito un importante movimento culturale o politico a cui gli ebrei non abbiano dato ispirazione. È in Disraeli che troviamo già l'idea, poi cavalcata dall'antisemitismo, della "cospirazione ebraica" organizzata da una società segreta di banchieri; una cupola assetata di potere, che agisce nell'ombra per controllare tutto e provocare avvenimenti in apparenza casuali: «Vedi, caro Coningsby – dice

Sidonia –, il mondo è governato da personaggi molto diversi da quelli che si immagina chi non è dietro le quinte».

Naturalmente si tratta di un'opera di fantasia. Le somiglianze tra Sidonia e qualche esponente dei Rothschild sono tutte da verificare. Possibile che Disraeli cercasse di ingrandire la propria importanza alimentando e inserendosi al tempo stesso in un mito di occulta onnipotenza ebraica. Resta il fatto che *Coningsby*, pubblicato come *Eō then* nel 1844, offre una visione della storia dove la "razza" appare come un elemento determinante:

Nessuna legge penale, nessuna tortura fisica può fare in modo che una razza superiore venga assorbita o distrutta da una inferiore. Le razze miste perseguitate scompaiono; la razza pura perseguitata persiste. E anche ora, a dispetto di secoli, di millenni di degradazione, la mente ebraica esercita una vasta influenza sugli affari dell'Europa.[14]

Disreali proveniva da una famiglia di sefarditi veneziani passati in l'Inghilterra a causa del declino della Serenissima. Suo padre, in rotta con le sinagoghe, lo aveva fatto battezzare quando era adolescente. Mentre costruiva passo dopo passo la carriera politica che lo avrebbe portato a guidare il paese, Disraeli diffondeva a piene mani le sue idee protosioniste. In *Tancred; or, The New Crusade*, il giovane eroe sembra destinato a un'esistenza convenzionale come membro della classe dirigente britannica. La prospettiva lo deprime, così Tancredi parte per la Terra Santa sulle tracce dei suoi antenati, cavalieri crociati. Vorrebbe penetrare il "grande mistero dell'Asia" ma conosce Eva, figlia di un banchiere ebreo. Vorrebbe penetrare anche Eva, ma rimane impigliato nelle macchinazioni del fratello adottivo di lei, un emiro libanese, che lo sbatte in prigione. Sul Monte Sinai, dove Dio era apparso a Mosè in forma di roveto ardente, Tancredi ha la visione di un angelo che gli parla di politica in termini un po' confusi, almeno per noi. Torna quindi nelle mani della fidanzata, che lo istruisce sulle glorie della civiltà mediterranea e sul debito del cristianesimo nei confronti dell'ebraismo. Eva e Tancredi stanno per sposarsi quando i parenti del giovane se lo vengono a riprendere e lo trascinano in Inghilterra senza tanti complimenti, troncando la love story anglo-ebraica.

Sidonia doveva ammettere come tra ebrei e goti, normanni, sassoni – gli "ariani" – fosse sempre esistito un rapporto conflittuale. Ma era anche certo che, con la *New Generation* dei Coningsby e dei Tancredi, il contrasto si sarebbe trasformato in un'alleanza di ferro.

I cristiani per Israele

Forse Disraeli era troppo ottimista. Esistevano ancora molti pregiudizi, fissazioni che affliggevano lo stesso Kinglake, come trapela dal racconto del suo viaggio. In un grande scrittore come Dickens, uno dei personaggi peggiori era l'ebreo Fagin, reclutatore dei ragazzini di strada e insegnante di malavita. Nel 1850 il medico scozzese Robert Knox pubblicava *Le razze degli uomini*, dove gli ebrei erano presentati in chiave negativa, anche dal punto di vista anatomico. Eppure, per molti versi, l'uomo che doveva diventarne primo ministro aveva ragione: la Gran Bretagna non poteva considerarsi un paese antisemita. Il vero razzismo era riservato ai neri.

Negli altri stati europei, non importa se cattolici, luterani oppure ortodossi, gli ebrei erano ancora considerati come "i testardi negatori di Cristo", "gli assassini di Gesù" e perfino "i figli del demonio". Solo il mondo religioso anglosassone, soprattutto quello evangelico, vedeva le cose sotto una luce diversa. Tra il XVII e l'inizio del XIX secolo numerosi teologi si erano convinti che Dio avrebbe presto richiamato i discendenti di Abramo nella terra che aveva loro promesso. Il ritorno degli ebrei in Palestina sarebbe stato necessario perché si avverasse la "seconda venuta di Cristo" profetizzata dalle Sacre Scritture. Non tutti la pensavano allo stesso modo: per i "postmillenaristi", la ricomparsa di Gesù in carne e ossa sarebbe avvenuta al termini dei mille anni messianici di "età dell'oro"; per i "premillenaristi", l'evento escatologico avrebbe anticipato quei tempi di pace e prosperità, tempi cui sarebbe seguita la fine del mondo, la resurrezione dei morti e il giudizio universale.

Tra i premillenaristi interessati al destino del popolo ebraico, merita un posto di massimo rilievo il predicatore inglese John Nelson Darby. Darby divideva la storia in periodi chiamati "dispensazioni", da cui il termine "dispensazionismo" usato per la sua dottrina. Dio, rivelandosi nella storia, avrebbe messo alla prova la sua creatura secondo modalità diverse; ma l'uomo, somaro, aveva regolarmente fallito. Attualmente ci troveremmo nella "fase della Grazia", che va dalla crocifissione di Cristo al "rapimento" della sua Chiesa, quando Gesù scenderà dal cielo e porterà con sé, a incontrare il Signore nell'aria, tutti i credenti in vita, che si uniranno a quelli defunti, passati nel frattempo attraverso una prima resurrezione. Il periodo in cui viviamo sarà seguito da mille anni di regno messianico, tutti centrati su Gerusalemme. E qui rientra in gioco il popolo ebraico, che dovrebbe tornare in possesso della propria terra e convertirsi in qualche modo al cristianesimo prima che il mondo entri nella sua fase finale. Darby tenne a Ginevra nel 1840 una serie di letture tradotte in tutte le principali lingue; la sua influenza si estese rapidamente nel mondo anglosassone. Tra i primi cristiani sionisti degli Stati Uniti troviamo George Bush, un professore di ebraico alla New York University imparentato alla lontana con la famiglia dei due presidenti, che nel 1844 pubblicò *The Valley of Vision; or, The Dry Bones of Israel Revived*, libro basato sulle profezie bibliche di Ezechiele.

Il 23 febbraio 1841 Lord Ashley fece apparire sul "Colonial Times" un memorandum ai sovrani protestanti d'Europa (era fortemente antipapista) perché appoggiassero il "restaurazionismo".[15] Ashley, poi conte di Shaftesbury, era un riformatore impegnato a rendere il suo paese sempre meno simile all'inferno per poveri e bambini descritto da Dickens. La sua fede gli suggeriva pure che la seconda venuta di Cristo fosse imminente, e che gli ebrei dovessero tornare in Terra Santa per riconoscere il messia in arrivo, oltre che per aiutare l'economia britannica.

In Medio Oriente si stavano riacutizzando le tensioni e si profilava un momento favorevole per il "restaurazionismo". Nel 1838 erano apparse le lettere dalla Palestina di Alexander Lindsay, favorevoli a un'alleanza tra ebrei e britannici.[16] Nel 1839 era ricominciata la guerra tra il Cairo e Costantinopoli. Il khedivé egiziano Muhammad 'Ali voleva annettersi definitivamente le terre che deteneva come vassallo formale dei sultani. Francia e Spagna ne sostenevano le ambizioni espansionistiche, mentre Gran Bretagna, Russia e Austria preferivano puntellare militarmente uno stato ottomano che appariva sul punto di franare, con conseguenze imprevedibili. La guerra era finita nel 1841 con il ritiro dalla Palestina e dalla Siria degli egiziani, che però avevano riaffermato la loro sostanziale indipendenza.

Il sionismo moderno non era ancora nato ma, tra gli inglesi, l'idea che una comunità ebraica potesse tornare a crescere e prosperare intorno a Gerusalemme appariva sempre più sensata. Teorie come quelle di Darby o di altri teologi, pure farneticazioni per una mentalità razionalista, potevano trasformarsi in agende concrete, sostenuta da uomini con la testa sulle spalle. Il console britannico a Damasco, colonnello Charles Henry Churchill, si muoveva attivamente, senza visioni escatologiche ma con lo spirito pragmatico del militare. Nel 1840 aveva visto un pogrom in cui 13 ebrei erano stati uccisi in quanto falsamente accusati dell'omicidio rituale di un francescano. L'anno dopo scrisse al banchiere Moses Montefiore, uno dei più autorevoli membri della comunità ebraica in Gran Bretagna:

Non posso nasconderti il mio più ansioso desiderio di vedere i tuoi compatrioti tentare ancora una volta di riprendere la loro esistenza come popolo. Considero l'obiettivo perfettamente raggiungibile. Ma due cose sono indispensabili. In primo luogo, gli ebrei stessi dovranno prendere in mano la questione tutti insieme e in modo unanime. In secondo luogo, le potenze europee li dovranno aiutare. Spetta agli ebrei iniziare. Lascia che le principali persone della comunità si mettano alla testa del movimento…[17]

Montefiore fece grossi sforzi per porre in pratica l'invito del colonnello Churchill (che non era un diretto antenato di Winston). Andò diverse volte in Palestina e investì somme notevoli per lo sviluppo di insediamenti ebraici. Non riuscì a suscitare un movimento generalizzato semplicemente perché i tempi non erano maturi: gli ebrei preferivano integrarsi nelle società in cui erano insediati, sforzandosi di eliminare gli ostacoli che ne impedivano una completa assimilazione. In Gran Bretagna, nel 1845 avrebbero avuto libero accesso alle cariche municipali. Nel 1855 David Salomons diventerà sindaco di Londra; tre anni dopo il barone Lionel de Rothschild sarà il primo ebreo non convertito a entrare in Parlamento. Disraeli sarebbe stato nominato primo ministro nel 1868.

L'erede della contea

Eravamo rimasti al matrimonio Savile-Walpole, da cui il 17 giugno 1843 nasceva John Horatio detto Horace, il bambino prescelto. Suo padre, in mezzo ai colpi della sorte, stava lottando per risollevare le sorti dei signori di Methley. Nel 1854 perse tragicamente la moglie. Nel 1860 la scomparsa del genitore lo trasformò nel quarto conte di Mexborough, mentre il diciassettenne John Horace gli subentrava come visconte di Pollington. L'anno dopo si risposò con la figlia di John Raphael, un uomo d'affari armeno.

Il patrimonio genetico dell'affascinante Agnes Louisa Elizabeth Raphael aveva fatto un largo giro prima di unirsi a quello dei Savile, un *Half Round the Old World* durato un paio di secoli. I suoi antenati portavano il nome di Gharamiants, che dovrebbe significare "guerrieri invincibili". Verso la metà del Seicento erano passati in Persia, a Isfahan, dove esisteva un'importante comunità armena, per poi spostarsi in India e intercettare flussi commerciali più promettenti, legati ai colonizzatori europei.[18] A Madras, i Gharamiants avevano fatto affari con la Cina, le Filippine, il Bengala, la Francia e, attraverso l'East India Company, con la Gran Bretagna. Uno di loro aveva scelto il proprio nome di battesimo come appellativo di famiglia per adeguarsi alle orecchie dei partner inglesi e francesi. Dal credo apostolico armeno i Raphael – come ora si chiamavano – erano passati al cattolicesimo. Nel 1791 Edward, fondatore della Carnatic Bank, decise di trasferirsi in Inghilterra. Si imbarcò con la famiglia e svanì letteralmente nel nulla, sembra cadendo in mare dalle parti del Capo di Buona Speranza. I suoi due figli ebbero tuttavia il privilegio di crescere nella capitale del mondo civilizzato, facendo carriera e buoni matrimoni. [19]

La futura moglie di Savile era la figlia di John Raphael, il minore dei fratelli. Destino vuole che nello stesso periodo circolasse per le vie di Londra un altro John Raphael, però ebreo. E anche di quelli importanti, imparentato con David Solomons, Lionel de Rothschild, Moses Montefiore e così via.[20] Dal mazzo dei tarocchi erano spuntati due nomi uguali per due storie originate nelle terre dell'Oriente, dove politica e geografia sacra formano un intreccio inestricabile.

Ma concentriamoci su John Horace Savile, da poco visconte di Pollington. Mentre suo padre si costruiva una seconda famiglia, lui stava seguendone le orme al Trinity College di Cambridge. Nella stagione 1862 recitò la parte del visir in *Aladdin* di Henry James Byron, ma era bravissimo anche nei ruoli femminili, con cui strappava al pubblico grasse risate.[21] A Cambridge si formava la classe dirigente vittoriana, tra circoli esclusivi dove venivano discussi i problemi più profondi dell'anima e della società. John Horace eccelleva nella chiacchiera di infimo livello, tanto che alle feste del principe Edoardo, studente nella stessa università e zuccone come pochi, solo "Polly" si dimostrava pari al suo futuro re.[22]

Nel 1864 il giovane Savile diventò "cornetto" del First West Regiment of Yorkshire Yeomanry Cavalry, un corpo di riservisti. Le forze armate britanniche comprendevano infatti alcuni reggimenti formati da piccoli proprietari terrieri che si addestravano periodicamente, sotto il comando di aristocratici, per essere richiamati in caso di necessità: invasioni barbariche ma soprattutto scopi civili, tipo rimettere in riga i subalterni quando osavano discutere le gerarchie sociali. Nel 1865 il cornetto John Horace partiva per il suo grande viaggio, sulle orme del padre. In Russia, nel Caucaso, in Persia e nell'Impero ottomano c'erano dunque due ufficiali britannici, armati e forniti di credenziali che davano libero accesso alle rappresentanze diplomatiche e a tutte le persone che potevano fornire informazioni riservate.

L'intelligence britannica

Se ripercorriamo le tappe di *Half Round the Old World*, ci accorgiamo che il tour tocca i punti più sensibili della scacchiera geopolitica in cui Londra sarebbe stata impegnata negli anni successivi. Un itinerario connesso in qualche modo al "grande gioco" o "torneo delle ombre", come Rudyard Kipling definì il conflitto diplomatico e spionistico che nel XIX secolo divise Russia e Gran Bretagna per il controllo dell'Asia.

La guerra di Crimea, combattuta tra il 1853 e il 1856 dai russi contro un'alleanza formata da Impero ottomano, Francia, Gran Bretagna e Regno di Sardegna, era stato il primo scontro diretto delle potenze europee sulla questione orientale. Sconfitto, lo zar Alessandro II aveva abolito nel 1861 la servitù della gleba, retaggio di un passato medioevale che ostacolava l'ingresso del paese tra le nazioni civili. Poi era scattata la repressione delle nazionalità in rivolta. Pugno di ferro contro i polacchi nel 1863-64 («*Resurgat!*», esclama John Horace davanti a un esemplare della loro costituzione, che giaceva dentro una piccola scatola nera, simile a una bara, nel tesoro del Cremlino). Ancora più spietato l'atteggiamento verso le popolazioni del Caucaso settentrionale, la cui ribellione era partita dal Dagestan, dove erano approdati i due giovani ufficiali britannici dopo la sosta ad Astrachan. Nel 1864 si erano ufficialmente concluse le operazioni militari ed erano cominciate quelle di pulizia etnica contro i musulmani, con massacri su vasta scala e trasferimenti forzati di circassi, ceceni e osseti verso l'Impero ottomano e la Persia.[23]

Attraversando il paese, John Horace prende nota di tutto, compresa una canzone cantata dai soldati di scorta in cui risuonava il nome di Shamil, il capo dei ribelli. Nel villaggio in rovina dove l'imam aveva eroicamente resistito con 600 uomini all'esercito zarista lo assalgono i pensieri contorti dell'imperialismo progressista: «Si può facilmente concedere che il paese abbia beneficiato del dominio russo; ma il diritto di un popolo a difendere la sua antica fede, la sua libertà e il suo leader è incontestabile».

John Horace e il capitano W., che si erano già interessati della polizia segreta russa ad Astrachan, incontrano in un monastero armeno di Erevan un uomo di nome Raphael, venuto da Costantinopoli per indagare se da quelle parti ci fossero le condizioni per scatenare una rivolta. Lo stesso tipo ipotizzava di lì a poco un'insurrezione in Turchia.

Solo due anni prima gli armeni avevano ottenuto la promulgazione di un codice di autonomia e la creazione di una assemblea nazionale, ma puntavano già a separarsi dell'Impero ottomano. Il «nome arcangelico» del cospiratore era anche quello della seconda moglie di suo padre: crediamo fosse un omaggio e, al tempo stesso, un travestimento, un modo per nascondere un'identità.

Il viaggio dei due giovani ufficiali prosegue verso il confine persiano. La Persia, sconfitta militarmente dalla Russia, aveva dovuto cedere i khanati di Erevan e Naxçıvan nel 1828. Con il trattato di Turkmanchay aveva garantito ai russi il diritto esclusivo di navigare nel Caspio. Mentre attraversa quel mare, John Horace avvista alcune le navi da guerra zariste. A quel punto annuncia la «scomparsa» della successiva pagina di diario: con ogni probabilità un modo per dire che ha preso nota di tonnellaggio e armamenti, dati non riportabili in un libro come *Half Round the Old World*.

La Persia era debole dal punto di vista militare ed economico, con un apparato amministrativo farraginoso. Lo scià Naser-al-Din si sforzava di modernizzarla favorendo le concessioni straniere. Agli inglesi, l'integrità persiana era necessaria per salvaguardare il loro dominio in India, mentre i russi, dopo l'annessione di una parte del Caucaso, volevano allargarsi a nord-est. Alla fine, la relativa autonomia del paese era garantita dal bilanciamento tra le due potenze, che facevano a gara per aumentare la propria influenza sulla dinastia Qajar e acquisire diritti di sfruttamento.[24]

Il "grande gioco" si infiammava più a est. L'offensiva russa partita da Orenburg, al confine tra Europa e Asia, puntava verso l'Afghanistan, dove si univano i confini di Persia, Impero russo, Cina, Tibet e *British Raj*. Nel 1864 le truppe zariste avevano occupato Šymkent, in Kazakistan; giusto nel 1865 cadeva Taškent, in Uzbekistan; stesso destino per Kokand e Buchara nel 1866, e per Samarcanda due anni dopo. A sud dei khanati uzbeki partiva la strada verso Kabul. I russi sostenevano di volere espandere la civiltà e proteggere le vie del commercio, ma gli inglesi avvertivano ogni loro mossa come una seria minaccia contro l'India. Savile parla con tutti i connazionali incontrati nelle città persiane: consoli, uomini d'affari, addetti agli impianti telegrafici…

Il telegrafo era uno strumento di importanza politica, oltre che economica. Quello impiantato in India, ancora privo di connessione con l'Europa, si era rivelato fondamentale per reprimere la grande rivolta indigena del 1857. L'Indo-European Telegraph Department aveva poi stabilito una linea che univa Londra e Bombay utilizzando i cavi dell'Impero ottomano. Nel 1867 la Indo-European Telegraph Company, una società privata che faceva capo alla Siemens, avrebbe sviluppato un secondo e più veloce collegamento attraverso la Persia, il Caucaso russo e il Mar Nero. I due viaggiatori inglesi ne avevano già visto i pali sulla strada tra Tbilisi e Erevan.[25]

In quel momento lo snodo principale della linea telegrafica tesa tra i due continenti si trovava a Bušehr, sul Golfo Persico, dove John Horace si ferma all'inizio del 1866.[26] La città aveva circa 20 mila abitanti, un aspetto miserabile, mura così basse che potevano a stento proteggerla dalle incursioni dei nomadi; dal suo porto passavano tessuti, porcellane, tè, vetro, zucchero delle

Indie olandesi, datteri, cavalli e anche gatti persiani destinati all'India britannica.[27] Savile vi rimane per un mese intero, senza sapersi decidere se seguire l'amico Winston in India, oppure tornarsene in Europa, mettere la testa a posto, sposarsi, scrivere un libro. Conosciamo già la sua scelta.

L'Impero ottomano, che John Horace attraversa da est a ovest saltando come suo padre la Palestina, si reggeva su un bilanciamento di forze ancora più complesso di quello che teneva in piedi la Persia: c'era di mezzo anche la Francia, che stava ultimando i lavori del canale di Suez. I sultani turchi lottavano per restare a galla con le riforme indispensabili. Il sistema educativo, legislativo e finanziario aveva assunto nuove basi; l'esercito era stato completamente riorganizzato; erano sorte le prime università, il codice civile e quello penale erano stati plasmati sul modello francese; le diseguaglianze fiscali che discriminavano i non musulmani erano state abolite. La Gran Bretagna promuoveva la stabilità di Costantinopoli per contenere le spinte russe verso i Balcani e il Mediterraneo. John Horace rimane colpito dal pluralismo etnico e religioso delle terre ottomane, dove le vie di accesso al divino convivevano in modo relativamente pacifico e gli uomini erano immersi in un sogno comune. C'erano musulmani, esponenti del clero caldeo-cattolico e del cristianesimo nestoriano, ebrei (in nove anni i due missionari inglesi che conosce sono riusciti a convertirne a malapena uno a testa). Quale posto migliore per dividere e comandare, sfruttando le debolezze delle élite locali?

Lord Richard Lyons, nel 1866 ambasciatore inglese a Costantinopoli, scriveva a proposito del sultano in carica:

Aveva la mania di acquistare navi da guerra per creare una flotta imponente. Visto che non ce n'era nessuna necessità e che per i turchi sarebbe comunque stato molto difficile farne un uso efficace, l'unico aspetto positivo dell'hobby di Abdülaziz era che ordinava le navi sempre in Inghilterra.[28]

Come per completare una lunga ricognizione geopolitica, sulla strada del ritorno il giovane viaggiatore transita per Vienna proprio nel momento in cui scoppia o sta per scoppiare la guerra austro-prussiana del 1866 (la terza guerra d'indipendenza per l'Italia), penultimo passo intrapreso da Bismarck per portare a compimento "con il ferro" l'unificazione tedesca.

Domanda ineludibile: John Horace Savile era un agente dei servizi segreti? Il problema è che la Gran Bretagna, per quanto possa sembrare strano, *non* aveva veri e propri servizi segreti. La Military Intelligence o MI, con le sue 19 suddivisioni (di cui le più famose sono la MI5 e MI6, controspionaggio e spionaggio) avrebbe preso forma solo all'inizio secolo successivo e non esisteva ancora niente che si potesse paragonare, tanto per fare un esempio, alla Terza sezione zarista, l'antenata dell'Ochrana. Se Londra non aveva 007 specializzati, sapeva però raccogliere una massa enorme di informazioni attraverso i connazionali sparsi nei quattro angoli del mondo: governatori, diplomatici, militari, funzionari civili, uomini d'affari, impiegati, operatori telegrafici, viaggiatori come John Horace e W., professori e studenti di Cambridge (purtroppo lo fa anche oggi), esploratori, zoologi, geografi, botanici, entomologi che giravano con la lente d'ingrandimento e cacciatori con l'inseparabile casco coloniale. Il difetto stava nelle operazioni di filtro e di analisi, per le quali mancava una struttura di coordinamento.

La situazione aveva iniziato a mutare dal 1855, durante la guerra di Crimea, quando era stato istituito all'interno del War Office un dipartimento topografico e statistico che rappresentava un primo nucleo di intelligence centralizzata. Negli anni Sessanta l'invio di *attaché* militari presso le ambasciate di diverse capitali aveva infittito la tela spionistica. Probabile che uno di questi fosse il capitano W., stanziato a Stoccolma, avamposto di tutte le trame che coinvolgono la Russia.[29]

Solo nel 1873 la Gran Bretagna diede vita a uno specifico ramo di intelligence. La crescita della competizione internazionale, la corsa alle colonie, le brevi ma numerose guerre che scoppiavano in tutto il mondo e il perfezionamento dei servizi segreti stranieri, spinsero Londra a darsi una organizzazione centralizzata.

John Horace aveva probabilmente preferito abbandonare la carriera di spia, anche perché come tiratore era una schiappa[30]. All'inizio del 1867, mentre aspettava ancora di ricevere le cose che aveva comprato a Mosul, pubblicò il suo libro di viaggio, sperando di diventare come Kinglake e suo padre in un colpo solo. Il tempo delle responsabilità incombeva: il 24 aprile dello stesso anno sposò Venetia, terza figlia del baronetto Sir Rowland Stanley Errington. In ottobre gli arrivò la nomina a Deputy Lieutenant per il West Riding dello Yorkshire, con l'incarico di sostituire, in caso di assenza, il Lord Lieutenant, organizzatore della milizia e rappresentante personale della monarchia in ogni contea del Regno Unito. Non risulta al suo attivo nessun servizio coloniale. Sembra un gentiluomo diviso tra campagna, città, viaggi e qualche hobby più o meno stravagante su cui ci soffermeremo tra breve.

Libri profani e testi sacri

Nel 1868 – un anno dopo il matrimonio e la sua nomina a Deputy Lieutenant – John Horace dichiarò pubblicamente che si sarebbe presentato alle successive elezioni parlamentari per il West Riding dello Yorkshire. Dato che non erano imminenti, l'unica cosa che poteva anticipare del suo programma era che «non avrebbe cercato di sovvertire le istituzioni religiose o costituzionali».[31]

Il seggio si rese vacante all'improvviso nell'agosto 1872, mentre lui era in Svizzera. L'amico (per modo di dire) Henry Adams se lo trovò per caso seduto vicino su un treno, dalle parti di Basilea. Ritagliava con le forbici ogni articolo di giornale che parlava della sua candidatura nel distretto di Pontefract, dove stava tornando in tutta fretta per prendere parte al ballottaggio dalla parte dei conservatori. Lo costrinse a leggerli per un'ora. «Sembra possedere solo un'idea molto vaga di cosa sia la salute mentale», commentò Adams.[32] Se ne accorsero anche gli elettori che lo trombarono. Nel 1874 ripeté l'esperienza, con lo stesso risultato. Fine dei sogni di carriera politica sulle orme del padre.

Nel 1877 "Polly" assunse la carica di sceriffo dello Yorkshire (dal sassone *Shire Reeve*, capo di un distretto), carica che mezzo millennio prima era stata di un suo antenato. In teoria doveva rappresentare la Corona nelle contee sul piano giudiziario, come il Lord Lieutnant faceva su quello militare; in pratica aveva soprattutto funzioni cerimoniali. Svolse con una certa continuità il ruolo di giudice di pace, che il sistema britannico consente di esercitare nelle corti minori senza specifici studi di giurisprudenza.[33] Impegnò il prestigio del suo nome in un certo numero di imprese commerciali. Qualche affare si rivelò buono, qualche altro completamente sballato. Fu presidente della Lega nazionale di difesa del cane[34]. Ma forse il vero problema di John Horace era quello di realizzarsi come individuo, al di là del rango familiare.

Half Round the Old Word non lo aveva consacrato tra i grandi scrittori. Come libro di viaggio è piacevole, ma gli manca la capacità di creare suggestioni profonde. Per non parlare del fatto che l'autore cade in un paio di sviste penose, come quella di scambiare un quadro erotico di Correggio, visto assieme a «una imbecille famiglia di francesi», con un altro che si trovava a Vienna. La sua *Storia naturale della bicicletta*, un testo tecno-darwiniano uscito nel 1870 sulla rivista "Belgravia", rimase un contributo isolato.[35]

Provò con la carriera del traduttore letterario. Dallo spagnolo, lingua imparata non si sa né dove né quando. Nel 1870 uscì la sua versione in inglese dell'ultimo romanzo d'appendice di Manuel Fernández y González, scrittore divorato bavosamente dal pubblico che amava le avventure a tinte forti del sivigliano. John Horace calcò ulteriormente la mano scegliendo il titolo di: *Margarita; or, The Queen of Night.*

«Per amor di Dio, mandami il libro di Pollington quando esce! Me lo faccio rilegare», scrive a un amico inglese Henry Adams, discendente di due presidenti degli Stati Uniti.

La seconda prova di traduzione è del 1872 con *La Familia de Alvareda*, di Fernán Caballero, una scrittrice tedesco-spagnola che nei confronti dell'Andalusia aveva l'impagabile vantaggio prospettico di essere al tempo stesso una nativa e una straniera. *The Alvareda Family* è una storia di fatalità e passione ambientata vicino a Siviglia, a Dos Hermanas, una cittadina con le case dipinte di bianco e ocra, piena di asini e uomini gelosi, spesso indistinguibili tra loro. Sempre *España carnal*.

E fine delle traduzioni letterarie di Pollington, che nello stesso anno subì anche la sua prima disfatta in politica. Se escludiamo l'improbabile caso che Oscar Wilde si sia ispirato a lui per *Il delitto di Lord Arthur Savile*, non sarebbe nemmeno diventato un personaggio letterario come suo padre.

Ripiegò sulla bibliofilia, passione un po' morbosa, le cui degenerazioni diaboliche sono descritte nel film di Roman Polań ski *La nona porta*. Quando morì furono messi in vendita alcuni libri della sua collezione.[36] C'era la *Hypnoerotomachia Poliphili* (una cosa freudiana tipo: *L'onirico combattimento erotico di Polifilo*), uscito nel 1499 dai torchi di Aldo Manuzio, un romanzo neoplatonico pieno di misteri, a cominciare dall'incisore delle centosettanta xilografie che lo decorano (ne aveva una copia, magari la stessa, Umberto Eco, che lo considerava «il libro più bello mai stampato»). C'era poi una quinta edizione de *L'anatomia della malinconia* di Robert Burton, protoesistenzialista che nel 1638 poneva come base della condizione umana l'insuperabile lontananza dal divino. Altro pezzo forte della collezione erano gli undici canti composti dal cortigiano Matteo Bandello per tessere *le lodi de la signora Lucrezia Gonzaga di Gazuolo, e del vero amore, col Tempio di pudicizia, e con altre cose per dentro poeticamente descritte.* Pubblicato nel 1545 ad Agen, in Francia, avrebbe ispirato diversi lavori di Shakespeare, tra cui *Romeo e Giulietta.* Ma il primato per il volume più raro e inquietante andava forse al vangelo di William Tyndale, eretico strangolato e arso (da morto) nel 1536. Nel 1552 i seguaci di Tyndale avevano dato alle stampe la sua versione del Nuovo Testamento. L'anno dopo anche il libro era stato incenerito

dietro un editto di Maria la Sanguinaria. Se ne erano salvati solo
tre esemplari, uno dei quali se lo rigirava Pollington tra le mani.

Religions of the World

I Mexborough procedevano in ordine sparso sulla strada della
spiritualità. Il terzo conte era stato Gran Maestro Provinciale
della Gran Loggia Unita d'Inghilterra, impegnato ad
armonizzare la gnosi esoterica con la teologia anglicana e le
scommesse borsistiche. Il quarto si convertì al cattolicesimo nel
1894, quando aveva 84 anni, abbracciando la confessione della
moglie armena.[37] L'erede al titolo aveva appena compiuto una
scelta decisamente più radicale.
L'Inghilterra di fine secolo sembrava popolata da individui di
salute malferma, depressi e timorosi, in ansiosa ricerca di
risposte. Nati in un periodo che aveva eroso i meccanismi di
difesa tradizionali contro la paura della morte, fissavano con gli
occhi sbarrati il buio che li avrebbe inghiottiti oltre l'avventura
terrena, spesso breve e piena di patimenti. Le sedute spiritiche
coniugavano una pretesa di scientificità con il bisogno di sapere
che qualcosa dopo l'ultimo respiro ci attende. Purtroppo,
trasformarsi in un ectoplasma lattiginoso non appare una
prospettiva entusiasmante. Ci voleva qualcosa che solo una vera
e propria religione poteva offrire, meglio se nuova, straniera,
misteriosa. Nel 1878 lo spiritista Charles Carleton Massey
introdusse a Londra il movimento di Helena Petrovna Blavatsky,
creando così la British Theosophical Society of the Arya Samaj of
Aryavart. John Horace incontrò probabilmente la Blavatsky
verso il 1889. L'anno seguente nacque la Sezione europea della
Società teosofica, che proseguì la sua espansione sul continente.
Il buddhismo esoterico trovava un terreno fertile nelle teste
come quella del nostro "Polly". Morta nel 1891, la santona
lasciava un gruppo in piena espansione, con una rivista chiamata
"Lucifer", di cui Pollington era un finanziatore.[38]

Sbaglierebbe chi volesse a questo punto descrivere John Horace e i suoi amici come *satanisti*. L'Angelo fulminato, che appare un po' fuori posto nella mitologia orientale adottata dai teosofi, indicava il Portatore di luce nelle tenebre del dogmatismo. I teosofi, in genere, erano e sono brave persone, o al massimo cattive come tutte le altre. Uno diventa "diabolico" quando cerca il possesso delle creature; quando l'io parziale, che esiste perché ha di fronte un mondo parziale, si dilata a dismisura per tentare di inglobare divinamente tutto, finendo per incontrare solo la propria lacerata separazione e smarrendosi in un groviglio di possibilità infere.

John Horace risulta anche affiliato, dal 1892 fino alla morte, alla Maha Bodhi Society, un gruppo buddhista fondato dal giornalista inglese Edwin Arnold e dal cingalese Anagarika Dharmapala, amico di Madame Blavatsky.[39] Nel 1893 il suo nome appare tra i membri del comitato internazionale incaricati di preparare il congresso teosofico che doveva tenersi a Chicago. Il convegno, che si occupò di definire le linee guida del movimento e i suoi rapporti con la filosofia, le scienze e le altre fedi, si svolse all'interno del primo parlamento mondiale delle religioni; un esperimento di dialogo tra credenze religiose occidentali e orientali, correlato alle celebrazioni per i 400 anni della scoperta dell'America.[40] Il visconte di Pollington non si era ancora dichiarato pubblicamente buddhista. Farà il suo *coming out* solo nel 1898, a 55 anni, causando un certo scalpore nell'alta società britannica.[41]

Nel 1909 i teosofi addocchiarono un tredicenne su una spiaggia indiana. Decisero che sarebbe stato lui la "Stella d'Oriente", il maestro destinato a risvegliare l'umanità, una specie di messia universale. Lo portarono in Inghilterra per iniziarlo alla missione e lo misero in casa della statunitense Mary Melissa Hoadley Dodge, di fianco a una residenza wimbledoniana di John Horace. Jiddu Krishnamurti – così si chiamava il ragazzo – era spiritualmente molto dotato; appena cresciuto abbastanza prenderà le distanze dal progetto che lo riguardava. Ma a quel punto il quinto conte di Mexborough era morto da un pezzo e i mobili della sua casa, incluso un arazzo appartenuto a Maria Antonietta, erano stati venduti all'asta come i suoi libri.[42]

Vita privata di John Horace Savile

Strana fotografia, quel ritratto di famiglia scattato intorno al 1860. Le tre sorelle Stanley Errington sono una più brutta dell'altra. Il padre sorride sdraiato ai loro piedi, con un fucile a portata di mano nel caso venisse in mente a qualcuno di rapirgliele. Manca la madre. La finestra sullo sfondo incornicia un sedere nudo, probabilmente quello di una statua.

Nel 1864 Claudine, la più grande, era già sotto terra. Ethel, la seconda, si sposò nel 1876, prese il titolo di Lady Cromer e morì in Egitto nel 1898. John Horace Savile condusse nel 1867 all'altare Venetia, la minore delle sorelle.

L'alta società britannica passava da un località termale all'altra, dove rapaci biscazzieri collegati ai grandi alberghi l'aspettavano per spennarla. Il solito Henry Adams incontrò a Baden Baden "Polly" e Venetia pochi mesi dopo il matrimonio. Parlarono per qualche minuto, poi John Horace sparì dalla circolazione: «Se lo sarà inghiottito la sposina», commenta Adams.[43] Però neanche un erede.

Lord Mexborough, in compenso, aveva continuato a sfornare figli con la nuova moglie armena: due femmine e due maschi. Poi il tempo era avanzato inesorabile. Lady Agnes morì nel 1897. Lui era ormai un vecchio che scompaginava il giornale per informarsi sul mondo che stava per lasciare.[44] Si spense a Brighton nel 1899. John Horace, buddhista dichiarato da un anno, gli succedette come conte numero 5. Nel 1900 rimase a sua volta vedovo e seppellì Venetia nel cimitero londinese di Wimborne Road sotto una lapide *In Piam Memoriam*.

Cosa aveva fatto prima che la morte gli riservasse quei fitti appuntamenti? Le sue poche note biografiche lo definiscono sempre «un grande viaggiatore», soprattutto in Oriente. Non spiegano però dove sarebbe andato. Per quanto ne sappiamo, potrebbe avere esplorato il Tibet alla ricerca dell'ombelico spirituale o avere fatto il "turista per sempre" con la P&O Cruises di Londra, che pubblicizzava crociere globali con tappe in Egitto, India, Cina, Giappone e Australia.

I problemi lo aspettavano a casa, letteralmente. Verso la fine del secolo Methley Hall cominciò a sprofondare. La faccenda può essere interpretata come evento paranormale, ma è più probabile che le troppe miniere scavate da quelle parti ne avessero indebolito le fondamenta. I signori di Mexborough misero quindi gli occhi su Hawnby, un villaggio più a nord, da dove era passata Mary Stuart prima della decapitazione. Una vecchia proprietà chiamata Arden Hall diventò la sede ufficiale della casata, mentre Methley sarà definitivamente abbattuta nel 1951 con tutte le sue larve.

A Londra John Horace possedeva il palazzo al n. 33 di Dover Street, che vendette quando cominciarono ad aprire troppe sartorie, che oggi sarebbero le grandi firme della moda. C'erano anche molti club nella stessa zona. Il quinto conte di Mexborough era membro del tradizionalista Carlton, del Travellers («proibito a tutti quelli che non si sono allontanati da Londra per almeno 500 miglia in linea d'aria») e dell'Hurlingham, un circolo sportivo.[45] Come residenza cittadina teneva un appartamento in Wellington Court, un edificio ai margini di Hyde Park, tuttora esistente. Acquistò anche Cannizaro House a Wimbledon, una villa con un grande parco dove poteva meditare sulle quattro nobili verità, mentre Krishnamurti gli cresceva a fianco (oggi è l'Hotel du Vin, con risonanze tra il teologico e l'alcolico).

E finalmente, in un almanacco della nobiltà britannica, rintracciamo una sua fotografia. Ci colpiscono gli occhi chiari, penetranti; ma anche il fiocco della cravatta non è da sottovalutare.[46]

Un'altra pubblicazione mondana del 1906 ne abbozza un ritratto psicologico:

Affabile e cortese, tutto quello che il conte di Mexborough fa lo fa bene, perché non c'è nulla in lui di esitante o privo di passione. Ha le sue idee e non ha mai paura di manifestarle; ma è uno dei pochi uomini ad avere felicemente imparato che amare un principio politico o di altro tipo non significa nutrire sentimenti ostili contro chi appartiene a una scuola di pensiero opposta. Il nobile conte è infatti di mentalità liberale, e ha il giusto rispetto per le opinioni altrui. Possiede la meritata reputazione di un padrone di casa gentile e comprensivo, che, per quanto possibile, cerca di andare incontro alle esigenze dei suoi inquilini, da cui è tenuto in grande onore. Tra l'altro Sua Signoria è di religione buddhista. Non ha mai amato la pubblicità e preferisce una vita tranquilla, sempre più dedita alla lettura man mano che l'avanzare degli anni gli rende meno facile indulgere nella sua passione per il giardinaggio.[47]

John Horace possedeva pure una casa a Montalto Maiano, frazione di Fiesole, dove l'aristocrazia britannica e tedesca aveva sostituito la nobiltà fiorentina. Dieci ettari di parco aperti su un paesaggio in cui la natura si umanizza e l'uomo si rende universale. Altre ville le stava costruendo a Sanremo, resort turistico di fama internazionale. Nel 1906 si risposò con l'aristocratica toscana Silvia Cecilia Maria Serantoni, una sessantunenne dallo sguardo livido. Evidentemente il desiderio di diventare padre non lo ossessionava.

Passaggio in India

Lady Silvia, o Sylvia, era già vedova di un certo Claude Clerk, un capitano della cavalleria di Madras la cui biografia sembra un'illustrazione esemplare delle strategie dell'imperialismo britannico e di tutti i gruppi che si propongono di governare il mondo.

Dopo la grande ribellione indiana del 1857, che li aveva quasi atterrati, Londra aveva capito che per gestire le colonie doveva coinvolgere di più i potenti locali e lasciare che tenessero buone le rispettive popolazioni, premiandoli per i loro servizi. Il controllo indiretto faceva risparmiare un sacco di soldi, era più efficace ed evitava troppi contatti sgradevoli con gli indigeni. Al *nizam,* cioè il principe di Hyderabad, che aveva dieci anni, era stato appioppato come insegnante di buone maniere l'ufficiale John Clerk, figlio di un alto funzionario coloniale, che poco dopo aveva passato l'incarico a suo fratello Claude.

I Clerk erano un'antica famiglia britannica, con pretese ascendenze reali.[48] Il capitano Claude aveva viaggiato per molto tempo in Oriente, lungo i confini dell'impero, più o meno negli stessi luoghi in cui era stato John Horace da giovane e solo un paio di anni prima di lui.[49] A partire dal 1876 fece ogni sforzo per "civilizzare" il pigro bambino indiano che gli era stato affidato. Non gli avrebbe risparmiato neppure le sculacciate, se i compagni di scuola non se le fossero prese al posto dell'intangibile Mahbub Ali Khan.

Per i servizi resi alla patria, il governo britannico insignì Claude Clerk del titolo di *Companion* dell'Ordine dell'Impero. Nel 1884 il *nizam* fu immesso nei pieni poteri (si fa per dire) dal viceré dell'India britannica, il marchese di Ripon. Una festa fantasmagorica che durò quattro giorni, in uno dei posti più esotici ed esoterici del mondo, celebre per le perle e le miniere di diamanti.

(Forti dosi di Kipling e Forster ci aiutano a immaginare qualche scena di contorno: Silvia Serantoni che si crede insidiata da un veterinario sikh; Ripon che imbraccia il fucile e spara a una tigre nella foresta uccidendo per sbaglio un servitore indiano, padre di dieci figli. Resistiamo solo alla tentazione di infilarci John Horace che incontra di nascosto la futura moglie per tramare la liberazione di tutti gli uccelli del paradiso imprigionati nelle voliere del *nizam*).

I successi pedagogici ottenuti da Clerk per il suo allievo speciale non andarono oltre l'assimilazione della lingua inglese. Mahbub Ali diventò a parte questo un uomo lascivo, con una passione sfrenata per i vestiti e le automobili. Un perfetto *indirect ruler,* lussurioso e dipendente: collezionava mantelli, collari, calze, scarpe, turbanti, bastoni da passeggio, profumi e pietre preziose. A un certo punto decise di adibire un'intera ala del suo palazzo a guardaroba e non voleva indossare lo stesso vestito due volte. Rimase sempre legato al suo vecchio tutore, e quando arrivò il momento di sceglierne uno per il proprio figlio gli offrì il posto.[50]

Tempo scaduto. Il capitano Clerk moriva a Londra nel giugno 1905. John Horace e Sylvia si sposarono meno di un anno dopo. Il padre gesuita Joseph Strickland celebrò il matrimonio nel mese di marzo o di aprile a Firenze, periodo in cui un invitato perfetto come Buffalo Bill vi piantava le tende del suo circo di indiani e cowboy.

IL CASTELLO DEI DESTINI INCROCIATI

Prima nobile verità: esiste la sofferenza

L'eco delle nozze Mexborough/Serantoni arrivò fino in America: *Pari buddhista si sposa*, annunciava il "New York Tribune". Il discusso Lord non aveva avuto figli dal primo matrimonio e, se non ne avesse generati nemmeno nel secondo (il giornale ignorava l'età della moglie), il titolo sarebbe passato al suo fratellastro, «che aveva per metà sangue ebraico».[51]

Come sappiamo, non era vero; ma il tarocco della confusione era uscito dal mazzo. Secondo il giornale newyorkese la madre del probabile erede, una devota cattolica di sedicenti origini persiane, «era senza dubbio ebrea, essendo stato suo padre, John Raphael, uno dei membri più rispettati della sinagoga di Londra».

L'America populista considerava gli ebrei responsabili dei mali indotti dal grande capitalismo, come l'urbanizzazione selvaggia, l'immigrazione violenta e la crisi del mondo rurale. Alcuni scandali nelle elezioni presidenziali suggerivano un'influenza occulta dei Rothschild sulla banca Morgan. Polemiche erano sorte a proposito di un accordo internazionale che avrebbe dovuto fissare il valore del denaro a un singolo *gold standard*, favorendo i creditori. Per contrastare l'antisemitismo americano sorse nel 1906 l'American Jewish Commetee.

Se in campo politico-sociale gli ebrei creavano sospetti, in quello religioso suscitavano attese messianiche, almeno negli ambienti evangelici. Uno dei principali promotori della causa cristiano-sionista era l'uomo d'affari statunitense William Eugene Blackstone, che nel 1878 aveva scritto *Jesus is Coming*, libro tradotto in 48 lingue. Blackstone considerava il ritorno degli ebrei in Palestina come condizione preliminare della seconda venuta di Cristo. Li precedette in Terra Santa e al ritorno dal viaggio organizzò una conferenza sul passato, presente e futuro di Israele. Correva l'anno 1890, l'Impero ottomano era sempre più debole e i pogrom in Russia sempre più sanguinosi: Blackstone inviò una petizione al presidente degli Stati Uniti, Benjamin Harrison, riuscendo a ottenere il sostegno di centinaia di autorevoli americani, tra cui magnati come John Davison Rockefeller e John Pierpont Morgan.[52]

Nel frattempo John Horace e il fratellastro John Henry, che per età poteva essere tranquillamente suo figlio, erano ai ferri corti per questioni ereditarie. Il presunto mezzo ebreo serviva nella Kent Militia Artillery ed era guardia del corpo della casa reale.[53] Ma la componente più vivace della famiglia era formata dalle sorellastre.

La maggiore, Mary Louisa, si era sposata nel luglio 1898 con il giornalista e scrittore Walter Burton Harris. Un sontuoso matrimonio cattolico a cui il principe di Galles aveva dato forfait solo all'ultimo minuto. Il marito, corrispondente del "Times" in Africa, Medio ed Estremo Oriente, aveva vissuto a lungo in Marocco e come aspetto poteva passare tranquillamente per un magrebino. Era omosessuale, cosa che a Tangeri non costituiva un problema, ma a casa sua sì: la prima notte di nozze dovette arrampicarsi su un armadio per sfuggire alla moglie.

W. B. Harris lavorava per l'intelligence britannica. Però ammirava i tedeschi, e qualche volta prendeva iniziative filogermaniche che costringevano il governo a richiamarlo all'ordine. Nel 1906, alla conferenza di Algeciras, giocò un ruolo nelle trattative che sfociarono in un protettorato franco-spagnolo in Marocco, isolando la Germania: i primi passi verso la catastrofe bellica mondiale. Era il periodo in cui John Horace si sposava a Firenze. Il matrimonio di Harris con Lady Mary

Louisa fu annullato quello stesso anno "per mancata consumazione".[54]

La personalità della seconda sorellastra, Anne, appare decisamente più marcata. Si era sposata tardi anche lei, nel maggio 1897. Altro matrimonio cattolico, benedetto da un telegramma personale del papa, stavolta con un nobile tedesco di nome Ludwig Karl von Löwenstein-Wertheim-Freudenberg. Un coetaneo senza un soldo in tasca e ancora meno scrupoli. Per trovarsi una consorte titolata aveva dovuto vivere alla grande, accumulando debiti che non sapeva più come gestire. La moglie lo difese strenuamente, ma il vecchio conte di Mexborough, che detestava il genero per i suoi modi poco *british* ed era sempre stato contrario all'unione, non mosse un dito per aiutarlo. Nel 1898 – un anno prima della morte di suo suocero – il principe scomparve misteriosamente. Gli amici misero annunci sui giornali di mezzo mondo.

Non era facile scovarlo nelle Filippine. Gli abitanti di quelle isole si erano già ribellati al dominio coloniale spagnolo nel 1896. Dopo la guerra del 1898 contro gli Stati Uniti, la Spagna era stata costretta a concedere l'"indipendenza" a Cuba e a dare agli americani Porto Rico, Guam e l'arcipelago del sud-est asiatico. A questo punto il leader degli insorti filippini, Emilio Aguinaldo, si aspettava che Washington riconoscesse l'autodeterminazione delle isole, ma probabilmente gli Usa temevano che Francia e Germania sarebbero piombate come falchi sulla preda. Dall'inizio del 1899 Aguinaldo stava combattendo contro l'imperialismo statunitense, forse la prima di tutta una serie di guerre e interventi dove gli yankee, ammantati di un idealismo democratico a sfondo religioso, rivelano l'anima rapace di tutta l'umanità.

Quale fosse il ruolo di Ludwig Karl von Löwenstein-Wertheim-Freudenberg nella storia non è del tutto chiaro. Probabilmente quello di spia tedesca. I rivoluzionari filippini gli avevano concesso un lasciapassare e per qualche tempo era stato l'interprete del generale americano Marcus Miller. La versione ufficiale dice che il 26 marzo 1899 stava assistendo con altri civili agli sviluppi di una battaglia vicino a Manila, quando arrivò l'ordine di allontanarsi perché la posizione era pericolosa: «Parlo con te in particolare, che ci hai già dato dei problemi aggirandoti intorno alla linea di fuoco».[55] Il principe si sarebbe nascosto in una casa nella vicina foresta, poi colpita dai soldati americani. Trovarono il suo corpo crivellato dai proiettili.

La vedova conservò la cittadinanza tedesca, il titolo di principessa von Löwenstein-Wertheim-Freudenberg, e si lanciò in una vita avventurosa, con frequenti viaggi negli Stati Uniti, per fortuna non sul *Titanic*. Nel 1913 sbarcava a New York dal *Majestic*, un vecchio transatlantico rispolverato dopo la tragedia. Voleva pubblicizzare la sua nuova invenzione: un letto a bilanciamento automatico contro il mal di mare. Prese il brevetto da pilota e attraversò la Manica dal Sussex a Dieppe. I giornali iniziarono a chiamarla "la principessa volante". Diventò famosa. Sfiorò con un'ala la cuspide della piramide di Keope. Ma sarà un aereo battezzato *Saint Raphael* a farla entrare nella leggenda.

Seconda nobile verità: l'origine della sofferenza.

Il 31 dicembre 1900 un impiegato del catasto annota l'acquisto da parte di John Horace Savile, «visconte di Wellington», della sua prima proprietà a Sanremo, in strada Berigo.[56] La moglie Venetia era defunta da poco più di un mese.

Nel 1903 "Wellington" incrementa i possedimenti comprando nella stessa zona Villa Ovidia, una scuderia e uno chalet; poi Villa San Patrizio, appartenuta a un notaio di Firenze, con un altro chalet in legno. In Inghilterra stava liquidando le vecchie proprietà di famiglia. Se pensiamo alla nuova dimora di Arden Hall e ci aggiungiamo le case di Wimbledon, Londra, la villa di Maiano e i nuovi acquisti in Riviera, possiamo capire quanto gli servissero soldi freschi.

Gli immobili di Sanremo furono demoliti senza pietà o ristrutturati da cima a fondo. Nel novembre 1905 partì il progetto di una casa terminata entro il 1908 e battezzata Villa

Maya. Si trattava di una solida costruzione di due piani, con un fregio grigio-verde intorno al sottotetto e una pensilina a ventaglio, circondata da un giardino all'italiana e decorata all'interno con affreschi in stile Luigi XVI. E già lì si sentiva la mano del teosofo: Maya, nome proprio la madre di Buddha, indica nei *Veda* il potere creatore del mondo materiale; un piano che si identifica con l'illusione; il velo dei sensi, che ci fa scambiare quanto appare ai nostri occhi per la realtà ultima. Anche nella mitologia latina si incontra Maia come dea della fecondità, della primavera, della terra dove si moltiplicano le forme viventi. Da lì viene "maggio", "magia" (e forse "maiale").

Il mito dell'Eden aveva riempito un po' tutto quel tratto di costa di giardini tropicali e costruzioni eclettiche. Se il mondo è un drappo gettato sui nostri occhi, un gioco inconsistente di specchi creato dal desiderio, mai come da quelle parti sembrava dolce e innocente, lontano dalle sofferenze dell'attaccamento e dalle "impurità mentali". Il raggio del tramonto invernale poteva passare per l'Illuminazione, lo stato di beatitudine perfetta che libera dal ciclo di nascita, malattia, invecchiamento e morte: l'obiettivo finale dei *theravadin*.

Però, sotto certi aspetti, tutta quella pace era una noia mortale. Per rianimare un po' l'ambiente troppo paradisiaco era necessario introdurre anche lì il morso del serpente biblico, la tentazione originaria, il sapore dolce e sanguigno del peccato. Di un casinò si parlava a Sanremo da anni, ma la mossa che avrebbe cambiato per sempre la natura della città andò a segno solo nel 1905. Subito dopo, la casa da gioco si ingrandì con il teatro dove siamo già stati all'inizio.

Per John Horace e Sylvia, Sanremo era comunque solo una delle loro tappe annuali. Trascorrevano in Inghilterra la primavera e probabilmente anche l'estate, la stagione sociale di Wimbledon. Appena ricominciavano le giornate piovose si trasferivano nella villa sopra Firenze per rivivere il mistero ermetico del Rinascimento. Nella città toscana aveva attecchito uno dei primi centri teosofici italiani, ma ormai il movimento aveva fatto grossi passi in avanti, radicandosi anche in altri centri.[57] Verso novembre, John Horace e la moglie si spostavano a Sanremo, dove le foglie autunnali cadevano sui fiori primaverili già sbocciati e l'inverno aveva giornate di sole e ombra che sembravano uscite dal libro sacro di una religione dualista. *I five o' clock tea* di Villa Maya erano un appuntamento mondano fisso. Ogni tanto appariva anche la sorellastra del conte, la principessa Anne von Löwenstein-Wertheim-Freudenberg.[58] I Mexborough invitavano artisti destinati all'oblio, e con tutti i loro ricchi amici vivevano immersi nella malinconia che nasce dalla consapevolezza che il loro paradiso non è immune dalla morte; la saturnina *melancolia* sezionata dal vecchio e prezioso volume che John Horace accarezzava nella sua biblioteca.

Terza nobile verità: la cessazione della sofferenza.

Il discorso razziale stava inesorabilmente procedendo in parallelo con quello esoterico-religioso. Le opere più influenti comprendevano il *Saggio sulla disuguaglianza delle razze umane* (1853-1855) del francese Joseph Arthur de Gobineau, che le suddivideva in gialla, nera e bianca. La prima sarebbe stata materiale, affaristica; la seconda sensuale e poco intelligente; quella bianca, o ariana, originaria dell'India, l'unica nobile e spirituale: la vera "razza pneumatica". Gobineau non era antisemita: considerava gli ebrei un popolo molto antico, di origini protoindoeuropee, ma il suo pensiero, già poco diritto per conto suo, verrà distorto ulteriormente. Nel 1871 Edward Bulwer Lytton pubblicò *The Coming Race*, romanzo sulle stirpi occulte che si dispongono a dominare il mondo grazie a una forma di energia detta Vril. Bulwer Lytton era stato da giovane in grande intimità con Disraeli, diventato nel frattempo primo ministro. Non è di Snoopy, bensì suo, il celebre incipit: «Era una notte buia e tempestosa», meno banale di quanto uno pensi.

Pochi anni dopo Helena Petrovna Blavatsky elaborava la teoria delle sette razze-radici. L'uomo, originato da entità spirituali "formatrici", passerebbe attraverso sette razze distinte, di cui rimarrebbero testimonianze fossili e racconti biblico-mitologici. Ogni razza-radice genererebbe sette sottorazze, con ulteriori propaggini sparse qua e là in giro per il mondo. Si partiva dalle razze eteriche, cioè prive di una consistenza fisica densa, dimoranti su un continente iperboreo; si passava ai lemuriani, giganteschi esseri gelatinosi, solidificati gradualmente nelle prime sottorazze, che occupavano un territorio compreso tra l'Africa Orientale le Isole della Sonda, ora in gran parte sommerso. Gli atlantidei erano vissuti dove si estende l'Oceano Atlantico, su un continente scomparso con loro, per cedere infine il posto alla quinta razza, quella attuale, divisa nelle sottorazze ariana, semita ecc., facenti capo alle rispettive entità formatrici.

Le memorie dei vittoriani ci appaiono impregnate di toni mesti e lugubri. Il linguaggio arcano e non privo di fascino di Madame Blavatsky era capace di riportare un po' di speranza. Il suo mix di pseudostoria e di fantascienza riusciva a soddisfare contemporaneamente le esigenze razionali e quelle spirituali, creando il senso di un sapere unitario, globale, rassicurante. Senza avere intenti razzisti, i teosofi applicavano la gerarchizzazione spirituale dell'umanità non più agli individui singoli, ma a interi gruppi, disposti secondo un grado crescente di spiritualità. Germania e Gran Bretagna si rimpallavano le idee, sia quelle esoteriche che quelle ricavate dalla biologia scientifica, ma il frustrato nazionalismo tedesco le estremizzava, conferendo loro la dignità del dibattito pubblico. La "Germania segreta" si stava scatenando.

Secondo Julius Langbehn i tedeschi dovevano tutti trasformarsi in artisti (come sognava di diventare il giovane Adolf Hitler) e non in squallidi borghesi. Il *Volk*, il popolo, basato su una comune identità razziale, sarebbe stato il mediatore tra uomo e cosmo. Solo i germanici erano in grado di comprendere la vera natura e l'universo di Dio. Ogni razza avrebbe per Langbehn il suo paesaggio: gli ariani, la rigogliosa foresta teutonica; gli ebrei, il deserto, a dimostrazione della loro mancanza di radici e dell'aridità del loro animo.[59]

Il concetto di "razza" era anche perfettamente funzionale all'espansione del capitalismo: declinato nel senso di identità nazionale serviva a minare i grandi imperi tradizionalisti, come quello russo e ottomano; visto sotto l'aspetto della presunta superiorità biologica e culturale, forniva una giustificazione al colonialismo. Nel clima di post-positivismo affermatosi a cavallo tra i due secoli, questi significati finivano per fondersi con lo spirituale. Un terreno su cui l'ebraismo vantava un'esperienza plurimillenaria.

Il sionismo come fine della sofferenza ebraica

Termini come "sangue", "razza", "popolo", "nazione" erano spesso imprecisi e interscambiabili. Ci si serviva delle stesse parole per indicare la trasmissione di valori, senza riferirsi all'aspetto esteriore o alla purezza. Per tutto il XIX secolo i discorsi razziali erano proseguiti in parallelo con quelli sulla necessità che i "popoli oppressi" formassero una loro nazione, ribellandosi ai grandi imperi teocratici che ne imprigionavano le energie vitali. Spesso veniva chiamata in causa la trascendenza, in senso più o meno esoterico e anticlericale. Per Giuseppe Mazzini era stato Dio – ogni popolo ha il suo dio, la sua entità spirituale formatrice – a destinare l'Italia agli italiani, e nessun altro poteva avanzare diritti legittimi sulla loro terra.

Quanto agli ebrei, polarizzavano come sempre l'attenzione, in modo positivo o negativo. Da un lato, la loro forte presenza nelle logge massoniche e nei movimenti radicali li esponeva all'accusa di fomentare la sovversione dell'ordine tradizionale, politico e religioso.[60] Da un altro, l'identità ebraica poteva per qualcuno fondersi in una cosa sola con la "razza bianca" dominante, in particolare quella anglosassone. Dopo il 1870, attingendo a idee che circolavano da secoli, si era sviluppato un movimento anglo-israelita, i cui seguaci ritenevano che gli abitanti delle isole britanniche fossero i diretti discendenti delle dieci tribù perdute di Israele, quelle che spariscono dalla Bibbia dopo l'esilio babilonese.

Per gli ebrei stava comunque finendo il tempo dell'attesa passiva. Il ritorno a *Eretz Israel,* la Terra d'Israele, sempre richiamato nella diaspora, ritrovava impulso con la nascita nel 1897 del movimento sionista di Theodor Herzl. Il pessimismo totale sulla possibilità di assimilazione dopo le ondate di pogrom degli ultimi anni, sommato alla cultura nazionalista che si diffondeva in tutta l'Europa, spinsero un gruppo relativamente ristretto di persone a cercare i mezzi per raggiungere l'obiettivo in tempi non biblici.

Herzl era nato a Budapest nel 1860; dopo gli studi di diritto e letteratura a Vienna si era trasferito in Francia come corrispondente del giornale "Neue Freie Presse". La sorte del capitano Alfred Dreyfus lo aveva convinto che i pregiudizi antisemiti non fossero sradicabili e che gli ebrei dovessero contare solo su se stessi. Nel 1896 pubblicava *Lo Stato ebraico.* Il sionismo moderno vide la luce un anno dopo in un ex tempio dell'azzardo come il casinò di Basilea (ex perché la Svizzera aveva messo il gioco fuori legge). In effetti l'impresa appariva a elevato rischio di fallimento. Ma per Herzl sarebbe stato lo stesso antisemitismo, incanalato nel modo giusto, a offrire l'energia per realizzare il programma. Se l'Europa voleva disfarsi degli ebrei perché li considerava diversi, gli ebrei avrebbero accettato la loro diversità facendone una forza.

I rabbini non erano d'accordo perché forzare la volontà di Dio rappresenterebbe un'eresia. L'esilio degli ebrei sarebbe sacro. Ma la cultura dei sionisti, che resteranno a lungo una minoranza, era quella laica, progressista, razionalistica ed esoterica diffusa tra la borghesia, nelle università, nelle professioni liberali, nelle logge massoniche. Difficile stabilire quanto il movimento avesse ereditato l'ebraismo gnostico ed eretico di Sabbatai Zevi e di Jakob Frank, e quanto invece ne avesse assorbito la carica dal clima culturale complessivo che si era formato nell'ultimo secolo.[61] In ogni caso la spinta verso l'autorendenzione ebraica tornava in primo piano.

Ora che l'obiettivo di ricreare lo stato di Israele era di nuovo in campo, come si sarebbe dovuto agire? La Palestina apparteneva all'Impero ottomano, quindi era necessario fare i conti con Costantinopoli. E "fare i conti" suonava come l'espressione più appropriata: negli ultimi decenni la Sublime Porta era condizionata pesantemente dalle questioni finanziarie. Un grande stato dall'economia agricola si era trovato coinvolto nella rivoluzione industriale. Per tenere il passo in armamenti, infrastrutture e stile di vita della corte (vedi il Palazzo Dolmabahçe, costato una fortuna al sultano Abdülmecid) aveva chiesto prestiti a investitori inglesi e francesi. La concessione di credito era spesso condizionata a commesse militari e industriali che favorivano gli interessi stranieri. L'afflusso di capitali aveva arrecato soltanto un sollievo relativo nella gestione finanziaria: la maggior parte delle somme riscosse spariva nel riacquisto di titoli e nel rimborso dei prestiti precedenti. L'indebitamento aveva così assunto la forma della solita spirale che si autoalimenta fino a diventare inestinguibile. La Banca imperiale ottomana (ottomana solo di nome), nata nel 1863 da un consorzio franco-britannico, cominciò a esercitare un esteso controllo sulle finanze di Costantinopoli. Dopo un parziale default nel 1875, nel 1881 si creava un ente chiamato Amministrazione del debito pubblico ottomano, cui erano trasferiti diversi introiti statali doganali, la tassa sugli alcolici, sulla seta, diritti di bollo, di pesca, monopoli del sale e del tabacco ecc. Dirigeva l'Amministrazione un consiglio di rappresentanti europei (francesi, inglesi, olandesi, tedeschi e italiani) indipendente dal governo. Era lo strumento di garanzia dei creditori, quello che assicurava il rimborso delle somme investite.

Herzl conosceva bene quei problemi finanziari e il mondo delle banche. Alla metà di giugno del 1896 piombò a Costantinopoli con un'offerta che, secondo lui, nessuno avrebbe potuto rifiutare: 20 milioni di sterline in cambio del permesso di colonizzare la Palestina. Riuscì a incontrare di persona solo il gran visir, cioè il primo ministro, ma il sultano-califfo

Abdülhamid II gli fece pervenire una risposta che non dava spazio a nessuna speranza: «Non posso vendere nemmeno un palmo di terra, perché non appartiene a me, ma al mio popolo. Il mio popolo ha conquistato e reso fertile questo impero con il suo sangue. Lo ricopriremo ancora con il nostro sangue prima di permettere che ci venga strappato via».[62]

Abdülhamid non nutriva sentimenti antisemiti, estranei del resto alla mentalità turca, ma si curava molto dell'integrità dello stato, che cercava cautamente di modernizzare. Era un personaggio cupo e deciso, che si rilassava leggendo i romanzi di Conan Doyle. Salito sul trono nel 1876 come un riformatore, l'aggressione russa lo aveva spinto a sciogliere il parlamento e sospendere la costituzione appena promulgata. Dal 1878 regnava come monarca assoluto e si era guadagnato il titolo di "sultano rosso", ovvero sanguinario. Vedeva dappertutto complotti e non aveva tutti i torti. Il suo paese si reggeva su un equilibrio instabile di spinte contrastanti tra grandi potenze che desideravano appropriarsi delle ricchezze ottomane e temevano ne approfittassero i concorrenti. Il grande mosaico di etnie e di religioni era minato internamente anche dalla crescita dei nazionalismi: quello greco, quello armeno, e ora l'ebraico. Sul loro fuoco soffiava alternativamente, dall'esterno, chi pensava di ricavarne i maggiori vantaggi.

Ricevuto il secco "no" dal sultano, Herzl non si perse d'animo e puntò su Guglielmo II, già impegnato a espandere l'influenza tedesca in Oriente. Nel 1898 il Kaiser visitò Costantinopoli e la Palestina senza riuscire a smuovere Abdülhamid. Alla fine lasciò raffreddare l'entusiasmo filosionista per non compromettere la sua politica.

Herzl non era tipo da scoraggiarsi e nel maggio 1901 riuscì finalmente a incontrare il sultano-califfo. Abdülhamid disse che non aveva nessuna intenzione di scambiare la Palestina con qualunque somma di denaro, anche se era molto interessato a cancellare i debiti. Per quanto il programma di Basilea parlasse prudentemente di una semplice *home* ebraica tutelata dal diritto pubblico, lui e i suoi consiglieri non si facevano illusioni: il vero scopo era la nascita di uno stato, un'entità nazionale destinata a espandersi e ad aumentare l'influenza occidentale nella regione. Anche i negoziati successivi, che si tennero nel febbraio e nel luglio 1902, non portarono a niente. Herzl era perfino riuscito ad accordarsi con la Remington per il prototipo di una macchina da scrivere in caratteri arabi, ma Abdülhamid rimandò indietro il regalo.[63]

Nell'ottobre dello stesso anno il ministro britannico delle Colonie, Joseph Chamberlain, propose ai sionisti la zona di El Arish, a sud di Gaza, sulla costa mediterranea del Sinai. Lord Cromer, console generale d'Egitto e cognato di John Horace, gli bocciò l'ipotesi.

Il Medio Oriente poteva anche non essere l'unica terra dove fondare uno stato ebraico. Nel 1903 il governo britannico individuò una vasta aerea nell'attuale Kenya; un progetto che non trovò appoggio sufficiente nei congressi sionisti. Herzl morì per una malattia di cuore il 3 luglio 1904, pochi mesi dopo avere incontrato papa Pio X a Roma e avere inutilmente cercato di convertirlo alla causa.

I moti rivoluzionari che scossero l'Impero russo nel 1905 provocarono pogrom sanguinosi, che condussero in Palestina una seconda ondata migratoria fortemente influenzata dal socialismo. Il futuro leader del laburismo sionista, David Ben Gurion, vi arrivò nel 1906, quando aveva vent'anni. Circolavano già i *Protocolli dei Savi di Sion*. Cominciava a diffondersi la psicosi della "cospirazione ebraica" descritta su basi fantastiche nell'opuscolo creato dalla polizia segreta zarista.

L'ipotesi del complotto venne formulata anche per la rivolta che percorse nel 1908 l'Impero ottomano. A guidarla, un gruppo di modernizzatori provenienti soprattutto dall'esercito, molto forte nella prospera città mercantile di Salonicco. Tra loro c'erano molti massoni e sabbatiani, i *dönmeh*, come erano detti i seguaci dell'eretico Sabbatai Zevi, il "falso messia" ebreo del XVII secolo, convertiti all'islam solo formalmente. Uno dei principali artefici della ribellione era il banchiere Emmanuel Carasso, maestro venerabile della loggia massonica "Macedonia

Risorta" e punto di riferimento locale dei circoli sionisti internazionali.[64] Abdülhamid rimise in vigore la costituzione, mentre i giornali europei applaudivano la "rivoluzione francese in Oriente". L'anno successivo, dopo un tentativo reazionario, il sultano venne detronizzato in favore del fratellastro Mehmet V, privo di carattere e di potere reale. I nuovi governanti riaprirono la Palestina all'immigrazione ebraica.

Restavano i debiti e il "consiglio" europeo che li gestiva. Dalla fine del 1912 ne era diventato il rappresentante italiano Bernardino Nogara, un uomo della Banca commerciale italiana, istituto cui Carasso era molto vicino. Abdülhamid, imprigionato a Salonicco nella villa di un altro banchiere ebreo, aveva ormai tutto il tempo per meditare su quanto gli era successo e trarne le conclusioni. Nel 1911 disse al suo medico personale che, prima o poi, i sionisti l'avrebbero spuntata.[65]

Quarta nobile verità: esistono vie che non portano alla cessazione della sofferenza

Il giorno di Natale del 1907 uomini in tuniche bianche rossocrociate avevano issato una bandiera con la svastica sul castello di Werfenstein, nell'Alta Austria, celebrando il solstizio invernale in onore di Baldur, dio pagano del sole. Questi Nuovi Templari, "cavalieri" di un Ordo Templi Orientis, si consideravano "maghi delle rune". Interpretavano la storia come una continua lotta tra la razza ariana e le razze inferiori dal punto di vista spirituale. Pare fosse la prima volta che sventolava in Europa il simbolo in cui si imbatte facilmente chi viaggia attraverso l'India, e che nelle statue di Buddha è spesso posto all'altezza del cuore.[66]

Potevano inglesi e tedeschi spartirsi il mondo, unendosi sulla base della loro comune origine "ariana"? Alcuni lo pensavano, ma erano più quelli che osservavano preoccupati il contrasto politico ed economico tra i due popoli. La Gran Bretagna considerava il proprio impero come culmine e baluardo della civiltà occidentale.

Il loro primato era tuttavia messo sempre più a repentaglio. I tedeschi li superavano non solo nei prodotti dell'industria pesante, tipici della prima rivoluzione industriale, ma anche in quelli elettrici e petrolchimici che caratterizzavano la seconda. All'inizio del nuovo secolo l'industria chimica tedesca controllava già i mercati internazionali. Nel 1910 l'economia che faceva capo a Berlino era la prima in Europa. Nel 1914 la Germania aveva il doppio di telefoni e linee ferroviarie inglesi; la sua scienza e la sua tecnologia, sostenute da università prestigiose, erano all'avanguardia nel mondo. Possedeva un assetto politico-sociale autoritario, ma capace di integrare le masse operaie più dei suoi concorrenti. Sul piano militare, l'ammiraglio Alfred von Tirpitz considerava necessario costruire una grande flotta da guerra. Non sarebbe stata in grado di insidiare il primato della Royal Navy, ma avrebbe costretto la Gran Bretagna a spartire il potere per evitare un conflitto da cui sarebbe uscita con danni irreparabili.

I segni del declino di Londra sembravano già nettamente percepibili. Perfino sconfiggere i contadini olandesi del Sudafrica, i boeri, era stato molto più difficile del previsto. Nel 1904 inglesi e francesi avevano così messo da parte la secolare rivalità e i contrasti coloniali per stipulare una "intesa amichevole" che avvicinava la Gran Bretagna all'alleanza franco-russa nata dieci anni prima, quando era crollato l'edificio diplomatico bismarckiano che evitava l'accerchiamento tedesco. All'inizio del 1907 un esperto in servizio al ministero degli Esteri britannico, Eyre Crowe, consegnò un memorandum che descriveva lo scoppio di un conflitto come sostanzialmente sicuro. Forse Berlino non accarezzava consapevolmente l'intenzione di sottrarre a Londra il primato mondiale, ma prima o poi la sua crescente potenza l'avrebbe condotta immancabilmente su quella strada. Secondo il Memorandum Crowe, l'Impero britannico, se voleva sopravvivere, doveva impegnarsi in una corsa agli armamenti navali in grado di scoraggiare costantemente le aspirazioni tedesche.

Nel 1906 gli elettori inglesi avevano abbandonato il governo conservatore retto da Arthur Balfour votando in massa per i liberali, ma il club imperialista di Cecil Rhodes riuscì a infiltrare quel partito e a smussarne le spinte pacifiste. La Royal Navy cominciò a disfarsi delle unità più vecchie per costruirne di nuove, meglio armate. Il primo esemplare, la Dreadnought, diede il nome a una nuova classe di corazzate che spinse gli altri paesi a rottamare le loro flotte obsolete. Sotto la direzione di John Fisher, vero e proprio *oil maniac* a capo della Marina, le navi da guerra britanniche iniziarono nel 1907 a convertirsi a un'alimentazione mista carbone-petrolio che garantiva maggiore autonomia e velocità. Nel 1911, quando Winston Churchill diventò Primo Lord dell'Ammiragliato, erano stati varati o si trovavano in cantiere 56 cacciatorpediniere e 74 sottomarini che utilizzavano solo petrolio. Nel giro di poco sarebbe partito il programma di rinnovamento delle corazzate. Tra il 1902 e il 1912 il consumo annuo di olio combustibile della marina britannica passò da 1200 a 200.000 tonnellate. Il motore a scoppio si diffondeva rapidamente anche per usi civili. La sostanza che John Horace aveva usato a Mosul per accendere le lampade si stava dimostrando la risorsa energetica più importante del pianeta, quella che ogni potenza doveva necessariamente accaparrarsi se non voleva perdere terreno.

C'era petrolio negli Stati Uniti, sfruttato dalla Standard Oil Company. C'era petrolio nel Caucaso russo, a Baku, dove operavano società che facevano capo ai Rothschild e alla famiglia Nobel, il cui più illustre rappresentante era morto a Sanremo. C'era carbone in Gran Bretagna, ma non petrolio: i pozzi a cui gli inglesi potevano attingere si trovavano in Persia e in Mesopotamia, dove si stava già proiettando l'espansione tedesca.

Il castello

Dalle varie proprietà acquistate sul Berigo dal conte, attraverso demolizioni, costruzioni, ristrutturazioni e cambi di nome era saltata fuori anche una Villa Sylvia, ridenominazione probabile di una casa già esistente.[67] Non era di loro gusto e la fecero buttare giù senza pensarci due volte. Sabato 26 febbraio 1910 i Mexborough, con un gruppo di familiari e di amici, si riunirono per firmare una pergamena che, insieme con una manciata di monete d'oro, venne murata sotto la pietra angolare di quella che sarebbe stata la nuova Villa Sylvia, «meglio rispondente ai gusti e alle intenzioni» della contessa. Era l'*ashlar*, la pietra squadrata della massoneria, con un talismano nascosto in una cavità e sepolta a est per ricevere il primo sole del mattino.

I Mexborough avevano in mente uno scatolone appoggiato per il lungo e rivestito di bugne calcaree grigiastre provenienti dalle cave di Capo Nero, il promontorio che chiude a occidente la baia dove sorge Sanremo. L'edificio doveva presentare al centro una protuberanza semicircolare, una sorta di abside; un motivo neoclassico che si trova anche nella Cannizaro House di Wimbledon e sulla facciata sud della Casa Bianca, a Washington. In cima sarebbe svettato lo stemma araldico della famiglia: tre civette sostenute da una coppia di leoni. Horace Walpole, antenato materno del conte, aveva costruito un maniero a Strawberry Hill e scritto *Il castello di Otranto*; lui ne stava alzando uno più che rispettabile sulla collina del Berigo e per qualche altra "storia gotica" c'era sempre tempo.

Poche settimane dopo John Horace e Lady Sylvia ripartirono per l'Inghilterra. Se al sud la natura offre un'immagine di eternità, è al nord, quando la luce del sole discende per rinnovare le forme, che si percepisce l'impulso dinamico universale, il principio del rinnovamento.

Il 4 settembre 1910 il caso o chi per lui fece nascere a Mexborough un certo Donald Watson. Figlio di minatori, come erano quasi tutti in quella tetra città carbonifera. Da bambino vedrà sgozzare un maiale e capirà che la vita è una cosa orribile. A quattordici anni sarebbe diventato vegetariano e due decenni dopo fonderà la Vegan Society.

Arriva per tutti il momento in cui la lama di un coltello appare dal nulla, senza neanche la luna che la faccia scintillare come in un film di serie B. Quando Lady Silvia fece ritorno a Sanremo, tra la fine del 1910 e l'inizio del 1911, il macellaio cosmico gliela teneva puntata alla gola, pronto ad affondarcela. Solo la musica la sollevava per qualche ora dall'angoscia. Ci sembra di vedere il salone di Villa Maya in quel pomeriggio di fine febbraio, mentre la delicata Eugenia Calosso suona il pianoforte per Elisa Bruno, mezzosoprano dalle forme vagamente porcine, e per tutta l'alta società che cerca conforto nelle melodie di Brahms, Schumann, Ponchielli:

Voce di donna o d'angelo
le mie catene ha sciolto;
mi vietan le mie tenebre
di quella santa il volto...[68]

Fermare la costruzione della nuova casa avrebbe significato arrendersi alla malattia che l'aveva colpita a tradimento. I sei ettari di terreno si stavano già trasformando in un paradiso. L'arredamento doveva riempire le stanze fino a tapparne ogni angolo, non lascare il minimo vuoto capace di accogliere la paura. Ma dove trovare i pezzi?

Gabriele D'Annunzio aveva vissuto tra il 1898 e il 1910 a Settignano, nella villa Capponcina, sulle colline che circondano Firenze, come Montalto. Messa da parte Eleonora Duse, altre donne erano riuscite a fargli saltare un budget già esorbitante. Con i creditori che lo incalzavano, lo scrittore era scappato in Francia, dove sarebbe rimasto fino allo scoppio della guerra che desiderava. Tutto quello che aveva ammucchiato alla Capponcina venne venduto all'asta tra il 1° e il 12 giugno 1911: mobili, candelabri, piatti e stoviglie, statue, calchi in gesso, stoffe, ferri battuti, quadri, armadi, cofanetti, mortai, un centinaio di cuscini, cani, cavalli, selle, oggetti da scuderia, un cassone da biada e perfino un secchio.[69] Tra le anticaglie che gli accendevano sensi e fantasia, si trovavano numerosi arredi di culto, decisamente sconsacrati, o meglio riconsacrati a un'altra religione.

I Mexborough non potevano farseli scappare. Uno dei pezzi migliori era il cancello della villa, in ferro battuto, con una decorazione floreale a intreccio, sormontato dalla corona del martirio e dallo stemma dei Visconti. L'antiquario Carlo Matteo Girard offrì 1600 lire (più o meno 6 mila euro attuali) e se lo aggiudicò per conto di John Horace.[70] A Sanremo le tre civette dei Mexborough sostituirono il biscione visconteo. Ultimata la costruzione della nuova villa, anzi del castello, il conte creò una "camera D'Annunzio" per i cimeli del suo eroe, tra cui un letto (non poteva mancare), un sofà imbottito (giusto pure questo), un termometro (ci stava, ci stava), e anche una stampa francese intitolata sardonicamente *Il casto Giuseppe* (che poi era una riproduzione di *Giuseppe e la moglie di Putifarre*, quadro del pittore barocco Lazzaro Baldi raffigurante il patriarca biblico che fugge agli assalti sessuali di una matrona egizia).[71]

Il primo giorno dell'asta di Settignano pioveva a dirotto. Una domestica raccontava a tutti come sarebbe stato difficile pulire quei dannati piatti con il bordo traforato. Un giornalista osservò che ogni oggetto sembrava accompagnato da un altro oggetto, come un sostantivo da un aggettivo. Sotto la cronaca della svendita c'era la notizia che erano stati trovati 42 chili di dinamite a Monastir, in Macedonia, dove il nuovo sultano-califfo Mehmet V si stava per recare in visita. Pochi mesi dopo l'Italia entrò in guerra contro l'Impero ottomano per la conquista della Libia.

Gli intricati piani divini si stavano dipanando. Iniziava la frana che si sarebbe propagata ai Balcani e avrebbe provocato la catastrofe. La miscela di popoli e di religioni tenuta insieme dalla tolleranza orientale sarebbe diventata esplosiva. A suo tempo, quando i russi avevano attaccato i turchi mentre gli inglesi desideravano puntellare Costantinopoli, John Horace aveva partecipato a cene per raccogliere fondi in favore di uno stato visto come fattore di stabilità. Solo che adesso l'Impero ottomano rischiava di cadere nelle mani dei tedeschi.

Due volte vedovo

Tra l'ideologia imperialista coltivata fino alla fine, la ricchezza, le case sparse tra Italia e Gran Bretagna, le collezioni di libri e oggetti d'arte, ci riesce francamente difficile capire come *The Right Honourable* Lord Mexborough potesse buddhisticamente rinunciare all'attaccamento che genera la sofferenza. Nella sua ansia di accumulare, mescolava come D'Annunzio cose antiche e patacche rifatte. La villa di Montalto aveva delle porte di bronzo in stile quattrocentesco decorate con scene bibliche che un esperto riconobbe come false. Ne aveva comprate di simili anche il banchiere americano John Pierpont Morgan, mettendole a custodire la sua collezione privata, l'attuale Morgan Library & Museum di New York.[72]

Come bibliofilo e misteriosofo, John Horace si fece poi scappare un pezzo che sembrava fatto su misura per lui. Da mangiarsi le mani, veramente. La storia passa attraverso Joseph Strickland, il gesuita di origini maltesi che aveva celebrato il suo matrimonio con Sylvia. Strickland insegnava filosofia nel collegio gesuita di Villa Mondragone, vicino a Frascati. Dato che ai padri servivano urgentemente soldi, nel 1912 aveva fatto da intermediario con il mercante di libri e manoscritti antichi Wilfrid Voynich per la vendita di un volume posseduto dalla biblioteca del collegio. Il "manoscritto Voynich", ora nell'Università di Yale, è il libro più misterioso che ci sia. Scritto in una lingua indecifrata, contiene immagini di piante inesistenti, segni zodiacali enigmatici e donne nude immerse fino al ginocchio in strane vasche contenenti un liquido scuro. A lungo è stato creduto un falso creato nel XVI secolo, forse da John Dee per abbindolare Rodolfo II d'Asburgo, che a Praga si circondava di maghi e alchimisti. Ma da quando la datazione al radiocarbonio ha stabilito che il capretto della pergamena è vissuto all'inizio del Quattrocento, nessuno si azzarda più a fare affermazioni sicure. Potrebbe contenere qualunque cosa, dalla formula dell'immortalità dettata dagli angeli a Dee in linguaggio "enochiano", fino al niente più assoluto.

Sanremo era la piccola capitale italiana della Belle Époque, simbolo del lusso e della dissolutezza di una società cosmopolita. Il suo casinò faceva concorrenza a quelli della Costa Azzura. Il teatro della casa da gioco offriva spettacoli e concerti di grande richiamo. Nel marzo 1914 si proiettò "Excelsior" del regista Luca Comerio, trasposizione cinematografica del "Ballo Excelsior", un'allegoria teatrale della lotta tra progresso scientifico e oscurantismo religioso. Il film terminava con uno stendardo su cui appariva, ripetuta quattro volte, la scritta "Pax". I bambini seduti nella parte più avanzata del proscenio agitavano bandierine con la stessa scritta.

Il 28 giugno un ragazzo serbo mise fine alla vita dell'erede al trono d'Austria-Ungheria. I turchi si fecero trascinare nella guerra a fianco della Germania dando rifugio sul Bosforo alla Goeben e alla Breslau, due navi tedesche inseguite dagli inglesi per tutto il Mediterraneo. Tra la fine del 1914 e l'inizio dell'anno successivo la massoneria italiana fece di tutto per spingere il paese a entrare nel conflitto dalla parte dell'Intesa. Il 5 maggio 1915 D'Annunzio tornò dalla Francia per tenere un discorso a Quarto dei Mille che riecheggiava quello di Cristo in chiave bellicista: «Beati i giovani che sono affamati e assetati di gloria, perché saranno saziati. Beati i misericordiosi, perché avranno da tergere un sangue splendente, da bendare un raggiante dolore».

Italiani e inglesi combattevano già insieme quando Silvia Serantoni vide arrivare la fine delle sue lunghe sofferenze. Si spense il 20 agosto 1915 a Londra, in Albert Court. «Vadano all'inconsolabile consorte i sentimenti tutti del nostro profondo cordoglio», scrisse "Il Pensiero di Sanremo".[73]

L'ultima primavera

Cinque mesi dopo il vedovo settantaduenne provò a consolarsi. Al numero civico 101 di via Matteotti si intravede ancora la vecchia scritta azzurrognola "M. & A. Turton". Quando la strada era intitolata a Vittorio Emanuele II doveva corrispondere al numero 15. Era la sede del consolato britannico, che svolgeva anche funzioni di agenzia immobiliare, di viaggio, di cambio, di consultorio psicologico per inglesi fuori fase. Meysey Turton mandava avanti la baracca da più di dieci anni e bisogna ammettere che si era trovato un lavoro invidiabile. Anche lui aveva la passione dei libri antichi, che pubblicava con un cugino in ristampe anastatiche.

Il matrimonio di sabato 29 gennaio 1916 doveva essere *a very quite affair*, una cerimonia intima nei locali del consolato, con fiori e regali per la sposa.[74] Chi si immagina la classica ragazzina oggetto di una passione senile si prepari a una delusione: Anne Belcher aveva 56 anni e un divorzio alle spalle. Era la figlia di un pastore episcopale scozzese che aveva retto a lungo la cappella di famiglia dei Gladstone, liberali e dunque avversari politici dei signori di Mexborough.[75]

Le pianure del Belgio e della Francia settentrionale apparivano come paesaggi di fango percorsi da reggimenti apocalittici di cavalleria. Il più grande sacrificio di sangue della storia umana era in pieno svolgimento. La guerra infuriava dall'Europa al Medio Oriente. Gli uomini si immolavano in nome della loro *corporation* nazionale, ma nessuno capiva ancora quale avrebbe prevalso. Nemmeno i sionisti, che per il momento tenevano i piedi in due scarpe.

John Horace morì nella sua casa di Montalto la notte tra il 7 e l'8 giugno 1916. Il necrologio su "La Nazione" dice «improvvisamente», espressione che fa pensare a un infarto, una caduta dalle scale, un suicidio. A Sanremo si parlò di «brevissima malattia». La Maha Bodhi Society pianse la perdita di un importante sostenitore. I giornali ricordarono lo scalpore suscitato dalla sua conversione pubblica al buddhismo. Un foglio neozelandese scrisse che da giovane aveva avuto grandi ambizioni politiche, che cinquant'anni prima aveva fatto «occasionalmente» il soldato e per tutta la vita era stato «un grande viaggiatore». Adesso partiva per l'esplorazione più lunga.

Il suo corpo venne sepolto a Firenze, nel cimitero evangelico degli Allori, dove parecchi anni dopo andrà a tenergli compagnia

Oriana Fallaci. Il fratellastro mezzo armeno, o ebreo come si intestardivano certi ambienti, diventò sesto conte di Mexborough. Anne Belcher ereditò le proprietà in Italia. Un mese dopo firmava un atto notarile in cui un certo Domenico Sommariva era nominato suo «amministratore e fattore». A Sanremo doveva occuparsi di Villa Maya, Devachan e di altre cose.[76]

Devachan. È la prima volta, a quanto ci risulta, che appare il nome con cui sarà conosciuto d'ora in poi il "castello". E infatti non si capisce perché John Horace avrebbe dovuto chiamarlo in quel modo: il *Devachan*, nel glossario teosofico, è uno stato che *segue* alla morte fisica. La terminologia è buddhista come Maya, in versione blavatskiana. Nel sistema teosofico infatti, dopo la morte, l'io con cui ci identifichiamo si dissolve lentamente, liberandosi delle scorie di violenti desideri accumulati nella vita. Poi deve svanire anche la sua parte più evoluta. Il *Devachan* teosofico – la "ch" va pronunciata come nella parola inglese *cheese* – è questo stato di provvisoria beatitudine in attesa di una nuova incarnazione. Niente a che fare con il Nirvana, la condizione terminale dei cicli di morte e rinascita.

Ne parlano un po' tutti i principali autori teosofici, non solo Blavatsky. Annie Besant collega la parola al presunto sanscrito *Devasthan*, "la terra degli dèi" (*deva*, come il latino *divus, deus*; come il greco *theós*).

È una parte specialmente riservata del piano mentale, dalla quale sono esclusi il dolore ed il male per opera delle grandi Intelligenze spirituali che presiedono all'evoluzione umana; in essa hanno dimora gli esseri umani che si sono spogliati dei corpi fisico e astrale...[77]

A pensarci bene il concetto esprime l'essenza mitica del turismo e della vacanza: non l'eternità di un paradiso, ma il vuoto di una sospensione, un piacere che nasce dall'assenza temporanea della tensione, della mancanza, del male. Per Alfred Percy Sinnett la personalità che sopravvive nello stato devachanico consiste «nelle più nobili aspirazioni, nelle più tenere affezioni, e anche nei più elevati gusti» concepiti nella vita terrena. Una condizione incompatibile con i gusti puramente sensuali dell'ultima personalità incarnata, che conserverebbe solo quelli in diretto rapporto con l'idea religiosa o con la filosofia spirituale:

Un uomo, durante la sua vita terrena fu appassionato per la musica? Nel Devachan andrà in estasi per le sensazioni che la musica produce.[78]

Per Rudolf Steiner il *Devachan* è formato di quattro parti: una «continentale», intersecata da un'altra «oceanica o fluviale»; quindi «una massa aerea formata da tutte le gioie e i dolori, dalle sofferenze e dai tormenti animici degli esseri esistenti nel mondo fisico»; nella quarta regione si trova infine «tutto quanto di originale viene creato, dalle cose più modeste alle più alte attuazioni di scienziati e di artisti».[79]

Resta il fatto che il nome di "Castello Devachan" non fu scelto, con tutta probabilità, dal suo costruttore, bensì dalla vedova, che ne condivideva la visione teosofica, o forse intendeva semplicemente augurare al defunto, ora che le aveva lasciato le proprietà terrene, di trasferirsi in un "luogo" dove avrebbe potuto godersi in santa pace il ricordo dei suoi libri antichi, dei suoi quadri, dei fiori dei suoi giardini; delle cose belle e forse anche delle patacche che gli avevano rifilato quando non era stato attento.

POPOLI OPPRESSI

Piramidi e templi

Se la dinastia di Muhammad 'Ali governava l'Egitto sotto formale sovranità ottomana, il potere vero stava nelle mani dei consoli esteri, che garantivano ai loro connazionali ogni tipo di privilegio. L'apertura del canale di Suez, costruito dai francesi ma pagato, con denaro e sangue, dalla popolazione araba, aveva consegnato il paese agli strozzini, che dal suo debito pubblico si aspettavano lauti profitti per un periodo illimitato. Una strategia che continua sempre a funzionare, soprattutto se accompagnata dalla colpevolizzazione della vittima e dalla complicità di gruppi autoctoni privilegiati.

Davanti alla nuova via d'acqua che si apriva tra l'Oriente e il Mediterraneo, gli inglesi non potevano più stare a guardare. Nel 1875, quando Costantinopoli fece bancarotta trascinandosi dietro i valori egiziani, il primo ministro britannico Disraeli decise che era il momento di prendersi le quote egiziane del canale. Occorrevano però 4 milioni di sterline, non disponibili così, sull'unghia. Disraeli fece conoscere il problema a Lionel Rothschild. Piccola scena istruttiva (se è vera) dei rapporti di forza tra il più grande stato del mondo e il più grande capitalista del mondo:

Rothschild fece una pausa [...] mangiò un acino d'uva e chiese:
"Qual è la garanzia?"
"Il governo britannico".
"Li avrete".[80]

L'Egitto, privato del suo gettito principale, finì sotto tutela, con un inglese e un francese a capo dei ministeri più importanti. Quando l'esercito, interprete dei sentimenti popolari, cercò di riconquistare la libertà, Londra intervenne, stroncando con il pugno di ferro la rivolta di 'Orabi Pascià. Piazza Muhammad 'Ali, il cuore della città, diventò un poligono di tiro, con gli esseri umani come bersagli. Riportata la "pace", gli inglesi lasciarono il paese sotto la sovranità formale di Costantinopoli, limitandosi al controllo indiretto.

Iniziava così l'epoca dell'Inghilterra, che per una parte minoritaria della popolazione sarebbe stata la più florida, felice e piena di contatti internazionali. Londra si affidò a un funzionario esperto di problemi coloniali, Evelyn Baring, un cognato di John Horace. Il governo egiziano fu ridotto a pura facciata, l'esercito ridimensionato, le finanze indirizzate verso obiettivi utili all'impero. Nel 1892 la regina Vittoria premiò Baring per i suoi servizi elevandolo a conte di Cromer. Rimasto vedovo nel 1898, fece ritorno in Europa nel 1907, pubblicando libri come *Ancient and Modern Imperialism*. La morte fermò le sue elucubrazioni poco dopo quella del cognato, nel 1917.

Alessandria era la città egiziana più sviluppata e moderna. La maggioranza dei suoi abitanti era costituita da sradicati arabi sottoposti a uno sfruttamento brutale e da immigrati europei che conducevano un'esistenza quasi altrettanto dura. Ma c'era pure l'Alessandria della borghesia di origine straniera, che mescolava i tratti di una metropoli europea, di un suk orientale, di una stazione climatica moderna e di un santuario dell'antica sapienza. Nei suoi quartieri residenziali le ville liberty si alternavano ai Grand Hôtel. Alessandria aveva ampie piazze, portici freschi, file di palazzi costruiti da architetti famosi, una borsa, teatri, cinema, collegi e fabbriche di birra. I magnati defunti si facevano inumare in mausolei di famiglia, convinti che l'eternità li avrebbe accolti con l'umile deferenza di una cameriera sudanese.

Tra quelle comunità privilegiate, una delle più ricche e in migliori rapporti con gli inglesi era la greca. Nazionalisti, spesso antisemiti visto che gli ebrei parteggiavano per i turchi, i greci si consideravano il faro della civiltà occidentale e miravano a riconquistare il rango di "razza superiore" che possedevano ai tempi di Aristotele. L'Impero ottomano, l'usurpatore delle terre bizantine, era il nemico da sconfiggere per tornare alla grandezza di un tempo.

Gli Zervoudachi che nel 1917 andarono ad abitare nel Castello Devachan appartenevano a questa élite ellenico-alessandrina. Nei registri catastali non appaiono come proprietari, quindi dovevano avere preso in affitto la casa da Anne Belcher. Con il banchiere Manolis e sua moglie Despina viveva la figlia Kathleen, fidanzata con il figlio del primo ministro greco Eleftherios Venizelos. Un'operazione endogamica studiata nella prospettiva che il loro popolo tornasse a dominare il Mediterraneo orientale.

Mercoledì 26 dicembre 1917 Venizelos arrivò a Sanremo, di ritorno da una missione a Londra e a Parigi, dove aveva discusso il ruolo del suo paese nella guerra e ottenuto rifornimenti di carbone. I giornali scrissero che i signori Zervoudachi erano suoi vecchi amici e che lo avevano voluto ospitare nella loro casa.

Nel pomeriggio si tenne un ricevimento al castello "De Vachan" (i cronisti sanremesi non avevano ancora capito cosa diavolo significasse quel nome e lo orecchiavano alla francese, mescolando quarti di nobiltà e di bovino). Venizelos salutò le autorità locali, tra cui si contavano personaggio rilevanti nel governo nazionale.[81] Il giorno seguente lasciò Sanremo per rientrare ad Atene, dove avrebbe mobilitato l'esercito in una serie di offensive.

Il sionismo scommette sull'Intesa

Dopo la morte di Herzl, tra le figure chiave del movimento era emerso un professore di biochimica di nome Chaim Weizmann. Nato nell'attuale Bielorussia, al 1904 si era stabilito in Inghilterra, avviando ricerche nell'università di Manchester. La scoperta di una formula che permetteva di ricavare dal mais l'acetone necessario per fabbricare esplosivo gli aveva aperto le porte dei circoli britannici più esclusivi.

La guerra stava dando forma a nuovi equilibri. Per quanto Berlino fosse sede dell'esecutivo sionista mondiale e i tedeschi facessero carte false per trascinare l'ebraismo finanziario dalla loro parte, non potevano sottrarre la Palestina agli alleati ottomani. I russi erano antisemiti e perpetratori di pogrom. Non restavano che gli inglesi: loro sì che potevano offrire ai sionisti la Terra d'Israele. Cosa avrebbe ricevuto in cambio la Gran Bretagna? Di preciso non lo sa nessuno. Si è parlato di un supporto propagandistico; della possibilità di influenzare i socialisti in Russia e, soprattutto, dell'appoggio della lobby ebraica americana, capace di premere su Washington per favorire l'ingresso in guerra degli Stati Uniti. Si è anche detto che i politici di Londra cascarono nella trappola degli inesistenti "savi di Sion". Convinti che per una cupola di banchieri ebrei il mondo fosse come un grappolo d'uva, volevano a tutti i costi tirarli dalla propria parte (Disraeli aveva fatto scuola). Ma credere che uomini come Lord Curzon, David Lloyd George, Winston Churchill, con la loro esperienza e il loro bagaglio di conoscenze personali, fossero degli ingenui cospirazionisti, ci sembra troppo. Al di là dei vantaggi immediati per lo sviluppo della guerra, che sicuramente vedevano meglio di noi, riteniamo poi che conservassero la vecchia idea secondo cui "restaurare" gli ebrei in Palestina avrebbe portato vantaggi strutturali all'impero britannico.

Weizmann faceva la sua parte. Si era già speso per influenzare i vertici del mondo finanziario ebraico nel campo dell'Intesa, i Rothschild di Francia e quelli d'Inghilterra. Una serie di incontri iniziati nel febbraio 1917 avevano messo a punto versioni preparatorie del documento che dichiarava l'appoggio britannico al sionismo. La Dichiarazione Balfour venne sottoscritta il 2 novembre, un mese prima dell'ingresso a Gerusalemme delle truppe britanniche. Il testo era redatto in forma di lettera personale:

Caro Lord Rothschild,
È mio piacere fornirle, in nome del governo di Sua Maestà, la seguente dichiarazione di simpatia per le aspirazioni dell'ebraismo sionista che è stata presentata, e approvata, dal governo.
"Il governo di Sua Maestà vede con favore la costituzione in Palestina di una sede nazionale per il popolo ebraico, e si adopererà per facilitare il raggiungimento di questo scopo, essendo chiaro che nulla deve essere fatto che pregiudichi i diritti civili e religiosi delle comunità non ebraiche della Palestina, né i diritti e lo status politico degli ebrei nelle altre nazioni".
Le sarò grato se vorrà portare questa dichiarazione a conoscenza della federazione sionista.
Con sinceri saluti.

Arthur James Balfour era un uomo della generazione di John Horace, appena più giovane. Proveniva da una famiglia dell'aristocrazia britannica e, naturalmente, aveva studiato a Cambridge. La sua esistenza era stata sconvolta dalla scomparsa dell'amata cugina Mary Catherine Lyttelton, uccisa dal tifo la domenica delle Palme del 1875. Non aveva mai voluto sposarsi. Massone, presidente della Society for Psychical Research di Londra, teneva una ciocca di capelli della ragazza in una scatoletta d'argento e tentava di mettersi in contatto con lei attraverso medium e sedute al tavolino.[82]

Quello firmato dallo spiritista Balfour sarebbe il primo concreto successo per la rinascita di Israele. Un vero e proprio impegno formale – per quanto sfumato – tra il governo britannico e la federazione sionista, rappresentata dal capo della organizzazione in Gran Bretagna, il barone Walter Rothschild, figlio di Nathan e nipote di Lionel.

Non tutti i discendenti della tenace comunità anglo-ebraica si erano convertiti alla visione sionista. Contrario restava Claude Montefiore, che respingeva la premessa di un "antisemitismo eterno" su cui Herzl aveva fondato il movimento. Un altro avversario tenace era il segretario di Stato per l'India, Edwin Samuel Montagu, che considerava l'ideologia sionista un ostacolo al governo coloniale britannico esercitato su milioni di musulmani, la fonte di molte turbolenze, il sogno di una minoranza non rappresentativa e la ragione di una crescita dell'antisemitismo in prospettiva futura. Per Montagu (sposato anche lui con una Venetia Stanley, come John Horace) non esisteva la "nazione ebraica": gli ebrei erano una comunità religiosa, come ce n'erano diverse nella liberale Gran Bretagna. I cristiani inglesi e quelli francesi non appartenevano alla stessa nazione. Un bretone e un gallese, anche se condividevano legami di sangue, erano di nazionalità diverse. I filosionisti nel suo governo finivano per fare una politica antisemita involontaria:

Quando si dice agli ebrei che la loro patria è la Palestina, tutti i paesi saranno immediatamente tentati di sbarazzarsi dei loro cittadini ebrei e vi ritroverete in Palestina una popolazione che scaccia i suoi attuali abitanti, prendendosene le parti migliori.[83]

Montagu stava mettendo il dito in una piaga che i sionisti cercavano in tutti i modi di ignorare, cioè il rapporto con gli arabi. Herzl, per la mentalità dell'uomo bianco europeo, pensava che gli ebrei avrebbero semplicemente portato la civiltà. I coloni della prima ondata migratoria sfruttavano gli arabi con i metodi che venivano applicati in tutto il mondo sulle popolazioni native. Quelli della seconda *aliyah*, influenzati dal socialismo russo, preferivano escluderli: nei loro kibbutz, le fattorie collettive, lavoravano solo ebrei.

Gli americani entrarono in guerra nel 1917 dalla parte dell'Intesa "in nome dell'umanità". La decisione sembrava motivata principalmente dal recupero dei crediti e dal blocco sottomarino dichiarato dai tedeschi. Difficile quantificare in modo preciso il peso di altri fattori. Il giudice di corte suprema Louis Dembitz Brandeis, uno dei principali collaboratori del presidente Woodrow Wilson, proveniva da una famiglia ebraica che a suo tempo aveva abbracciato il messianesimo gnostico e ribelle di Jakob Frank. Brandeis guidava l'esecutivo sionista statunitense. Si era speso per le libertà civili, aveva lottato contro i trust, convincendo decine di migliaia di vecchi e nuovi immigrati che gli ideali della democrazia americana e quelli del sionismo potevano operare in perfetta sintonia. Dopo il 1915 si era "lavorato" il presidente, facendo appello non tanto a motivazioni pragmatiche, quanto religiose.[84] Wilson, infatti, era un devoto presbiteriano, che leggeva la Bibbia ogni giorno: il sionismo cristiano, il "restaurazionismo" ebraico nella Terra d'Israele, rappresentavano una parte importante del suo retroterra culturale. Nel 1916 Brandeis e Nathan Straus, proprietario dei maggiori centri commerciali di New York, contattarono il vecchio reverendo Blackstone, spingendolo a rispolverare il memoriale firmato 25 anni prima da centinaia di personalità. Il documento, che chiedeva la convocazione di una conferenza mondiale per risolvere il problema ebraico, venne presentato a Wilson in modo informale per non interferire con i lavori diplomatici britannico-sionisti intorno alla Dichiarazione Balfour. Il 30 giugno 1917 Wilson confessava al rabbino Stephen Samuel Wise:

Sono nato in una casa parrocchiale come figlio di un pastore presbiteriano, dunque sto completamente dalla tua parte e sono orgoglioso al pensiero di poterti aiutare in qualche misura a ricostruire la Palestina.[85]

COSTRUITE UN GRANDE TAVOLO

Problemi insoluti

La grande conferenza di pace si era chiusa a Parigi il 21 gennaio 1920, dopo la firma di quasi tutti i trattati. Erano rimaste fuori alcune questioni importanti, tra cui quella adriatica che riguardava Italia e Jugoslavia, i problemi della Russia bolscevica, le misure per rendere effettive le imposizioni contro la Germania. E restava un altro nodo da sciogliere: l'Impero ottomano. In febbraio i vincitori erano tornati a sedersi intorno a un tavolo in Downing Street, la sede del governo britannico. Come ridisegnare una regione fondamentale per le sue risorse e per la collocazione strategica? Come uscire dal labirinto che si era creato? Gli arabi dell'Hegiaz avevano proclamato l'indipendenza nel 1916, affiancando i britannici contro ottomani e tedeschi dietro la falsa promessa di uno stato esteso dal Golfo Persico al Mediterraneo. Gli accordi stipulati nello stesso anno tra l'inglese Mark Sykes, il francese François Georges-Picot e il russo Sergej Dmitrievič Sazonov erano stati scavalcati da un groviglio di interessi e situazioni nuove. Altri eventi avevano travolto anche quelli di San Giovanni di Moriana del 1917, che riguardavano l'Anatolia. La Società delle Nazioni, la nuova istituzione internazionale voluta da Wilson, prevedeva che fossero istituiti dei "mandati", cioè incarichi di governo temporanei, da spartire tra le "grandi potenze civilizzate", su popolazioni giudicate non ancora mature per l'autodeterminazione. C'era un accordo di massima sull'indipendenza dell'Hegiaz come premio di consolazione della dinastia araba hascemita. La Palestina sarebbe andata in forma mandataria alla Gran Bretagna, che avrebbero permesso la nascita di un'entità nazionale ebraica. I britannici mettevano le mani anche sulla Mesopotamia, con il petrolio e la realizzazione del corridoio Golfo Persico-Mediterraneo, destinato a proteggere i loro interessi tra l'India e il canale di Suez. La Francia, associata allo sfruttamento del petrolio mesopotamico, avrebbe assunto il mandato su Siria e Libano.

Procediamo verso nord e ovest. I curdi potevano forse ricevere un paese autonomo ma era ancora tutto da vedere. Agli armeni spettava sicuramente l'indipendenza, se non altro come risarcimento dopo le stragi subite durante la guerra da parte ottomana. Per quanto riguardava l'Anatolia, il destino dei turchi restava in sospeso. Cancellato l'Impero, che estensione avrebbe avuto il loro nuovo stato nazionale? Sempre che ne ottenessero uno: Lloyd George, che avrebbe voluto passare alla storia come l'artefice di una seconda *Reconquista*, sognava di rimandarli nelle steppe asiatiche da cui erano usciti come fantasmi a cavallo.

News

Martedì 2 marzo 1920 un telegramma del primo ministro italiano Francesco Saverio Nitti inviato dalla capitale britannica annunciava che la successiva riunione del Consiglio supremo alleato si sarebbe tenuta in Italia.[86] La decisione doveva essere stata presa nei corridoi perché solo il giorno seguente, durante l'incontro pomeridiano in Downing Street, Lloyd George suggerì che fosse giunto il momento di vedersi a casa dell'alleato. «Un grande onore», replicò Nitti. Ma dove precisamente? Certo, Roma sarebbe andata benissimo, ma forse era preferibile un posto come Sanremo.[87] Probabilmente perché era più vicina per francesi e britannici, meno vulnerabile contro eventuali manifestazioni di protesta e perfettamente attrezzata per accogliere ospiti importanti.

La notizia filtrò in anteprima il 4 marzo 1920 dalla terza pagina di un giornale francese di destra, "L'Écho de Paris".[88] Nitti non aveva mai messo piede a Sanremo. L'imbeccata doveva quindi venire dall'interno del suo staff.

La bozza del trattato che prendeva forma a Londra era durissima. Oltre la perdita della parte araba e una drastica riduzione territoriale anatolica in favore di greci, armeni e curdi, l'autonomia del futuro governo turco sarebbe stata limitata da una commissione finanziaria straniera, vera centrale di controllo sul paese. Le porzioni tedesche delle società costruite negli anni precedenti sarebbero state rilevate dai vincitori. Il bottino di guerra era ricchissimo: si andava da società strategicamente determinanti come la Turkish Petroleum e la ferrovia di Baghdad fino ai vaporetti del Bosforo e al famoso Tünel, la funicolare sotterranea che collega Karaköy e Beyoğ lu.[89]

Il 4 marzo Nitti tornò in Italia, dove lo attendevano gravi problemi. A Londra rimase il ministro degli Esteri, l'esperto giurista napoletano Vittorio Scialoja. I colloqui proseguirono con la partecipazione di Venizelos e dell'ambasciatore giapponese, Chinda Sutemi. Il 10 marzo, prendendo come pretesto nuovi massacri compiuti in Cilicia (di cui i turchi accusavano gli armeni), il Consiglio decise di stringere le maglie dell'occupazione di Costantinopoli. In realtà decisero gli inglesi, ma Scialoja doveva fingersi d'accordo. Anche il premier francese Alexandre Millerand aveva bisogno di cedere su certi punti per ottenere vantaggi in altri campi.[90]

Preparativi

La data della conferenza era stata fissata approssimativamente intorno al 10 aprile 1920, una settimana dopo Pasqua. Fino a quel momento si pensava di tenere i lavori in due alberghi, il Bellevue, nella parte orientale della città – ora sede comunale – e il West End, che sorge come dice il nome a ovest e in questo momento è ridotto a uno scenario perfetto per il remake di

Shining. Arrivarono gli ispettori per decidere sull'installazione degli apparecchi telegrafici. Alla stazione ferroviaria, i mobili della sala d'aspetto di prima classe vennero trasferiti in quella di seconda e si ordinò un nuovo arredamento. Cominciarono i lavori di risistemazione dei parchi e delle aiuole.

I giornali di Sanremo del 28 marzo riportavano che il consiglio dei ministri aveva spostato l'inizio della conferenza.[91] La stampa ne sapeva più dei diplomatici, perché ufficialmente la questione sarebbe venuta a galla solo il giorno seguente, quando Lloyd George disse di sentirsi stanco per il superlavoro degli ultimi mesi e di volersi prendere un po' di riposo. Avrebbe passato le vacanze di Pasqua in campagna e si sarebbe imbarcato sabato 10 aprile per arrivare a Marsiglia il 17. Da lì avrebbe preso il treno, raggiungendo Sanremo domenica 18. La conferenza poteva iniziare il 19 aprile.[92]

I francesi non fecero troppe obiezioni, mentre Nitti tentò di protestare: non poteva tenere chiusa la Camera così a lungo. Il 30 marzo ordinò via telegrafo a Scialoja di insistere sul programma stabilito. Piuttosto rimandare tutto a maggio. Poi si piegò alle esigenze del più forte. Per venirgli incontro, all'ultimo momento gli inglesi proposero di incontrarsi a Roma. Ma ormai tutta la macchina organizzativa era avviata.[93] Restava ancora da decidere dove si sarebbero svolti precisamente i lavori. I grandi alberghi servivano per accogliere i componenti delle delegazioni, accorpandoli sulla base delle affinità politiche. Era necessario trovare un posto più neutro. Ma quale?

Poco meno di un anno prima la vedova di John Horace aveva venduto il Castello Devachan al torinese Edoardo Meregaglia.[94] Si trattava di un uomo d'affari impegnato in diverse attività, tra cui una fabbrica palermitana di ombrelli che esportava anche a Malta, in Tunisia e in Egitto.[95] Grattando un po' sotto questo commendatore, ci troviamo anche qualche relazione importante, in particolare con la massoneria filobritannica di Piazza del Gesù e con la Banca commerciale italiana.[96]

Leopoldo Persico, cognato del presidente del Consiglio e funzionario degli Esteri, arrivò a Sanremo il 1° aprile 1920 in missione esplorativa con un paio di colleghi degli Interni. Vide il Devachan e lo giudicò una «scelta splendida» per la conferenza.[97] Nemmeno da lui riusciamo a capire chi l'avesse compiuta, per quale motivo, e cosa c'entrasse esattamente uno come Meregaglia. Secondo "L'Eco della Riviera", che forniva la data esatta del meeting, il fabbricante di ombrelli offriva il suo villone «per alto patriottismo e squisito senso di ospitalità». "Il Pensiero di Sanremo" sosteneva invece che non era neppure a Sanremo e gli avevano spedito un lungo telegramma di cui si aspettava ancora la risposta.[98]

Ida Birone de "L'Eco della Riviera" si arrampicò fino al grande cancello d'ingresso. L'inquietante mescolanza religiosa del parco la disorientava. Tra le piante esotiche sbucavano leoni di bronzo, statue di Buddha e idoli greci. Il Devachan sorgeva al centro come una ruvida fortezza. La giornalista salì lo scalone rinascimentale dietro al padrone di casa. Tre grandi vetrate dividevano l'atrio da una galleria, sostenuta da quattro colonne di diaspro. Il salone della conferenza, in stile Luigi XVI (John Horace mostrava una netta predilezione per i sovrani decapitati), si apriva sulla destra, nell'ala verso sud-est. Altre sale ricche e spaziose erano pronte per ospitare i lavori delle commissioni. L'articolo scritto dalla Birone per il suo giornale si intitolava: *Sulle soglie del Nirvana*.[99]

Meregaglia, da bravo uomo d'affari, incaricò un fotografo di Sanremo di vendere le immagini della villa, riservando un 15 percento dei profitti all'associazione dei mutilati e invalidi di guerra.[100] La segreteria del premier aveva dato per tempo disposizioni al sottoprefetto Rizzatti per il tavolo da collocare nel salone delle riunioni plenarie: abbastanza grande per trenta persone, a forma di ferro di cavallo, smontabile, in legno grezzo rivestito sopra e ai lati con un panno verde mandato direttamente da Roma.[101] Come quello che riveste i tavoli delle roulette.

TRE SERPENTI PER UN PARADISO

Ospiti indesiderabili

A Sanremo, come giornalista, era atteso anche Mussolini, che Nitti voleva pedinare stretto, «salvo maggiori provvedimenti» nel caso costituisse un pericolo.[102] Alla fine il futuro duce preferì restarsene a Milano.

Il fascismo era ancora un movimento informe, che aveva fallito l'appuntamento elettorale e doveva trovare una nuova collocazione. Lo stesso Nitti ne capiva poco e scriveva che se il suo fondatore intendeva promuovere un movimento nazionalista andava combattuto; se invece la sua azione poteva venire utilizzata per resistere alle agitazioni operaie, era «molto utile» e andava «sorretta».[103]

Se invece fosse venuto in mente di farsi una scappata in Riviera a un caporale austriaco appena congedato dall'esercito tedesco, nessuno lo avrebbe notato. Adolf Hitler stava per compiere 31 anni ma era ancora quasi sconosciuto. Teneva comizi a Monaco di Baviera contro le ingiustizie di Versailles, scoprendosi un abile organizzatore e un oratore posseduto, un incanalatore del Vril, il fluido energetico che rende simili a divinità, invenzione di uno dei suoi autori preferiti. Due mesi prima, in una birreria di Monaco, con pochi altri ignoti come lui, aveva fondato il Partito nazionalsocialista tedesco dei lavoratori. Il programma politico era la lotta contro il complotto capital-comunista che aveva sconfitto la Germania e intendeva imprigionarne per sempre le forze vitali; complotto incarnato in particolare dalla Francia ebraico-massonica che a Sanremo si presentava con un esemplare tipico come Millerand.

L'incubatrice dell'ideologia nazista era stata l'esoterica Thule Gesellschaft, creata nel 1918 a Monaco da Rudolf von Sebottendorff, vissuto a lungo a Costantinopoli. Oltre Hitler, attorno alla Thule gravitavano Rudolf Hess, Alfred Rosenberg, Heinrich Himmler e Hans Frank, il futuro governatore generale della Polonia: tutti nomi che la storia non aveva ancora segnato sul suo registro.[104]

Giornalisti e fotoreporter accreditati erano confluiti a Sanremo da ogni paese, stringendosi negli alberghi più vicini a quelli dove alloggiavano le rispettive delegazioni. La città non aveva mai conosciuto un simile momento di celebrità. Sul Castello Devachan erano puntati gli occhi del mondo intero. Le più importanti decisioni che coinvolgevano i luoghi sacri delle tre principali religioni monoteiste stavano per essere prese nella casa di un Lord che aveva aderito a una forma di buddhismo eterodosso e, secondo alcuni, completamente campato per aria.

Il governo aveva fatto affluire forze speciali e i servizi segreti allungavano il più possibile le loro antenne per captare ogni minimo segnale di pericolo. La mattina del 18 aprile, quando vi si incontrarono Nitti, Millerand e Lloyd George, quest'ultimo esclamò: «Ma qui siamo tutti e tre in paradiso!». E subito soggiunse: «Chi di noi sarà il serpente?»[105]

Difficile stabilirlo dalla loro biografia. Il cinquantasettenne premier britannico era un liberale di origini modeste e per di più gallesi. Aveva saputo imporre, contro la volontà dei ceti privilegiati, le riforme sociali che avevano segnato i primi passi del *welfare state*. Divenuto capo del governo alla fine del 1916, era riuscito a tirare fuori il suo paese dalle grandi difficoltà del 1917. In patria lo consideravano l'artefice della vittoria.

Il carisma di Millerand era molto minore. Sessantenne, pure lui avvocato, aveva esordito nel socialismo, legando il suo nome alla legge sulle pensioni di vecchiaia approvata nel 1905. Poi aveva preso la strada di un nazionalismo piccolo borghese che, nelle tragedie belliche, era risultato aggregante. La presidenza del Consiglio gli era stata assegnata da circa tre mesi.

Anche Francesco Saverio Nitti, detto Ciccio, aveva compiuto studi di giurisprudenza. Lucano, cinquantenne, proveniente dalle file dei radicali, nella battaglia politica giocava come centrista: progressismo e conservatorismo, liberismo e statalismo, rappresentavano per lui strumenti da applicare a seconda delle condizioni. Era capo del governo dal giugno 1919 grazie ai consensi che gli venivano da ambienti giolittiani, cattolici e socialisti moderati. Detestava il suo collega francese e nutriva un'ammirazione sconfinata per quello britannico.

La mattina del 18 si svolse una rapida seduta ufficiosa per stilare la scaletta del programma: 1) il trattato con la Turchia con annessi e connessi, cioè Armenia, Kurdistan, i mandati in Medio Oriente, il petrolio iracheno ecc.; 2) la questione della Germania; 3) la Russia bolscevica; 4) l'Adriatico e il problema di Fiume, occupata dai "legionari" di Gabriele D'Annunzio.

Millerand avrebbe voluto parlare per prima cosa prima della Germania, lasciando completamente fuori la questione fiumana. Nitti replicò che era disposto a invitare i rappresentanti jugoslavi, con cui aveva rapporti cordiali: per l'Italia era di vitale importanza arrivare a una decisione sui suoi confini orientali.

Il disaccordo generale sull'atteggiamento da tenere verso i tedeschi era il vero problema di fondo, quello che più pesava sui rapporti tra i vincitori della guerra, ne condizionava le posizioni e faceva da merce di scambio per gli obiettivi perseguiti indipendentemente. La linea dei francesi era durissima, punitiva. Per Millerand la Germania doveva solo eseguire il trattato di Versailles, disarmare l'esercito pagando per i danni di guerra, e subire sanzioni se non ottemperava ai suoi obblighi. Ma quale tipo di sanzioni? L'unico strumento coercitivo efficace sarebbe stato l'occupazione congiunta della Ruhr, la regione tedesca più ricca e produttiva. Nitti puntava invece su un atteggiamento morbido e conciliante. Riteneva importante una collaborazione attiva perché la Germania democratica doveva tornare a essere un centro produttivo, le cui merci avrebbero trovato sbocco nei porti di Trieste e Genova. Gli inglesi cercavano un punto di equilibrio ma appoggiavano la proposta nittiana di convocare i leader tedeschi alla conferenza, proposta totalmente inccettabile per i francesi.

Nel pomeriggio, prima di iniziare un secondo incontro, Nitti vide di sfuggita il nuovo ambasciatore americano in Italia. Robert Underwood Johnson gli rivelò che non si sarebbe fermato, stava già ripartendo per Roma. «Benché sia un poeta – scrisse Nitti con chiara allusione a D'Annunzio – mi è parso persona assai seria e rispettabile».[106]

I 300 carabinieri dei servizi di sicurezza passarono quella notte sui materassi dell'Hôtel de Nice, tormentati dagli incubi degli umili custodi dell'ordine. Anche il Castello Devachan, in attesa della sua consacrazione ufficiale, dormiva con tutti i suoi silenziosi abitanti, inclusi due asinelli e due pappagalli in maiolica di Sassonia, un busto di Maria Antonietta la fotografia del conte di Mexborough appesa alla parete della camera da letto.

Chi ci sperava

Nitti aprì le sedute ufficiali alle 11 di lunedì 19. Come chairman era seduto al centro del ferro di cavallo, sul lato esterno, con le spalle rivolte a una grande finestra. Alla sua sinistra sedevano Lloyd George e il suo ministro degli Esteri, Lord Curzon, seguiti da quello giapponese Keishiro Matsui; sulla destra, dopo Scialoja, avevano preso posto Millerand e Philippe Berthelot, segretario francese agli Esteri.

Le decisioni più importanti erano già state assunte nelle precedenti riunioni di Londra; le bozze dei trattati erano pronte. Ora bisognava solo mettere a punto le cose rimaste in sospeso.[107] E invece la discussione si rivelò subito frammentaria, intricata, con interruzioni, riprese, divagazioni e disaccordi essenziali ricuciti a malapena.

Un problema lasciato irrisolto fino a oggi riguardò il Kurdistan. Secondo Curzon, mai era stato possibile scovare qualcuno che rappresentasse in modo chiaro la volontà di quel popolo tribale e bellicoso. Nello stesso territorio vivevano anche 100 mila cristiani. Inoltre, la provincia petrolifera di Mosul sarebbe stata inclusa nell'Iraq sotto mandato britannico, quindi fuori dal perimetro di un possibile stato autonomo. La cosa migliore era stabilire una forma di autonomia regionale e lasciare gli abitanti sotto "protezione" turca, almeno per il momento.[108]

Discorso completamente diverso si fece nei giorni seguenti per gli armeni (i più sensibili percepirono forse l'odore delle alghe marine che coprivano lo spettro attento di John Raphael-Gharamiants). In Armenia sì che esisteva una storia importante, un popolo definito e organizzato, una chiara volontà comune. La strage di civili compiuta dagli ottomani durante la guerra aveva toccato il cuore dell'opinione pubblica e non poteva essere lasciata senza riparazione. Si imponeva un nuovo assetto che restituisse a quell'antico popolo cristiano la sua dignità di stato. Wilson aveva sempre insistito per una Grande Armenia con sbocchi adeguati sul Mar Nero, in particolare il porto di Trebisonda. Il presidente americano voleva che includesse anche la fortezza di Erzurum, in quel momento solidamente occupata dai nazionalisti turchi. Alla fine, però, gli Stati Uniti si erano tirati indietro. Non avrebbero inviato truppe, solo aiuti finanziari. La Francia, che nel febbraio 1919 aveva incaricato una "legione armena" di occupare la Cilicia provocando una sequela di furti, saccheggi, e assassini, non aveva da metterci né soldi né soldati. Figuriamoci l'Italia. Gli inglesi qualche fondo erano in grado di trovarlo, ma non di inviare militari. Quanto alla Società delle Nazioni non poteva assumere mandati diretti perché non aveva un esercito. Nessuno se la sentiva di offrire un sostegno concreto. Esisteva già, nel Caucaso meridionale, la Repubblica di Erevan (grosso modo l'Armenia di oggi); ma era in pericolo anche quella, assieme a Georgia e Azerbaigian, per l'avanzata della Russia bolscevica. Curzon riteneva necessario inserire nel trattato le nuove frontiere e fare in modo che i turchi le rispettassero. Non si capiva però in che modo. E poi, esattamente quali confini? Nitti sosteneva che dovessero limitarsi al minimo perché «più grandi sono e peggio sarà per loro», gli armeni avevano intorno solo nemici.

La discussione venne sospesa e ripresa nei giorni successivi. Alla fine Lloyd George cercò di tagliare corto: gli armeni potevano mettere in campo da soli 40 mila soldati addestrati adeguatamente. Se non erano in grado di proteggere le proprie frontiere voleva dire che nel mondo non c'era posto per un'Armenia, grande o piccola che fosse.[109]

Uno scrupolo lo assalì quando si rese conto che, così, passava per l'affossatore di un popolo già massacrato a sufficienza. Alla fine gli statisti del Devachan concordarono di inviare a Wilson un appello perché gli Usa offrissero una generica «assistenza», o almeno l'aiuto economico per mettere insieme un esercito di mercenari capace di integrare le scarse forze militari armene.

Quel 23 aprile il settantenne Boghos Nubar, rappresentante del popolo armeno, ricevette una sorta di avviso premonitorio. La sera annunciò che avrebbe fatto una passeggiatina lungo il mare. Si allontanò dalle case e dagli alberghi, inoltrandosi nell'oscurità, lontano dall'area sorvegliata. Un gruppo di prostitute in agguato lo assalì e lo derubò di 200 lire italiane, 120 franchi francesi, un orologio e un'agendina dove aveva scritto tutti gli indirizzi.[110]

Chi era abbastanza sicuro

Bisogna dire che Venizelos aveva fatto la scommessa giusta portando la Grecia nella guerra mondiale. Il fronte di Salonicco, tenuto aperto dagli inglesi senza troppa convinzione, alla fine era risultato determinante. Tornato al Castello Devachan dopo più di due anni, lo statista ellenico raccoglieva il frutto delle sue mosse e degli stretti rapporti che era riuscito a stringere con le autorità britanniche. Lloyd George stava incondizionatamente dalla sua parte. I francesi non avrebbero fatto nessuna opposizione. Solo Nitti gli era contro, un po' per scetticismo personale sulle reali possibilità dei greci, un po' per i diversi interessi geopolitici italiani nel Mediterraneo orientale.

A Londra si già deciso che il Bosforo e i Dardanelli sarebbero stati messi nelle mani di una commissione internazionale e aperti a ogni tipo di traffico (per questo qualche volta la conferenza di Sanremo è chiamata "degli Stretti"). Anche il "patto tripartito", cioè la divisione delle sfere di influenza economica in Anatolia tra Italia, Francia e Gran Bretagna era già nero su bianco. Il punto che interessava di più i greci venne affrontato dal 21 aprile: tutta la Tracia doveva passare sotto il controllo di Atene, inclusa la penisola di Gallipoli. Lo stesso per la ricca provincia di Smirne, nonostante le controverse statistiche sulla nazionalità della popolazione locale. Per Lloyd George la Grecia avrebbe continuato così a svilupparsi senza creare problemi ai suoi alleati, come invece avrebbero fatto gli "infidi turchi". Con i nuovi territori, il paese di Venizelos avrebbe contato 15-20 milioni di persone industriose, capaci di contribuire al progresso e alla civiltà dell'Europa. Nessuno poteva credere che i nazionalisti turchi fossero capaci di cacciare i greci dall'Asia Minore.[111]

I consulenti militari aggregati alle delegazioni si erano però espressi in modo diverso. Il maresciallo Ferdinand Foch aveva già calcolato in un minimo di 27 le divisioni necessarie per imporre ai ribelli l'accettazione del trattato. Se non erano disponibili 400 mila uomini non si poteva essere sicuri di niente, e nelle condizioni economico-sociali del dopoguerra nessun paese europeo poteva inviare in Anatolia così tanti soldati.

Venizelos, con il suo pizzetto bianco, gli occhiali cerchiati d'oro, l'abito lugubre e un sorriso incomprensibile, respinse i dubbi replicando che la Grecia poteva mettere in campo da sola

14 divisioni, e che quelle sarebbero bastate a bloccare i nazionalisti turchi nel centro dell'Anatolia. Caduti i loro punti nevralgici, prima o poi si sarebbero arresi. Non precisò che, così, greci avrebbero potuto realizzare la "Grande idea": la rinascita dell'impero bizantino, con la sacra Costantinopoli, il Ponto, la Cappadocia, la Bitinia, la Paflagonia, i monti del Tauro... Una visione che di colpo restaurava la classicità, ricollegando l'Atene del XX secolo a quella che aveva eretto i templi sull'Acropoli. Per Venizelos i turchi erano un popolo finito, un rifiuto della storia, un retaggio di barbarie asiatica; quello greco rappresentava la civiltà, il futuro, la democrazia.

Secondo Nitti la Grecia si sarebbe invece infilata in un tunnel oscuro, pieno di trappole letali. L'Italia avrebbe sottoscritto il trattato per disciplina verso gli alleati, ma senza sentirsi moralmente obbligata a mandare un solo uomo per sedare la rivolta islamica che si sarebbe inevitabilmente scatenata.

Quella sera Mario Bassi, uno dei corrispondenti presenti a Sanremo, inviò un pezzo a "La Stampa":

È tempo di dire chiara ed alta una parola di verità, che è al tempo stesso, per parte della stragrande maggioranza dell'opinione pubblica europea, una parola di condanna. Qua a Sanremo non si compila un trattato di pace con la Turchia, ma si formula coscientemente ed esplicitamente una nuova dichiarazione di guerra alla Turchia. Gli atti del trattato [...] contengono già in se stessi l'apertura dichiarata del conflitto.[112]

IL GRANDE GIORNO DI SION

Una questione minore

Il 24 aprile 1920 dell'era cristiana – un sabato – si sarebbe parlato finalmente della Palestina. E c'era anche il nuovo ambasciatore americano. Johnson aveva infatti ricevuto l'ordine improvviso di tornare a Sanremo, da dove era transitato pochi giorni prima senza fermarsi. Là lo avrebbe raggiunto il segretario della legazione statunitense di Parigi per trasmettergli istruzioni più dettagliate da parte della Casa Bianca.

Le cose dopo la guerra non erano andate come prevedeva l'idealismo più o meno sincero di Wilson. I "quattordici punti" del suo piano di pace, immessi nella realtà concreta, avevano prodotto un'Europa frammentata, riaggregata malamente in chiave anticomunista e piena di nazionalismi frustrati. La Società delle Nazioni, pensata come regolatrice dei conflitti mondiali sul modello politico americano, appariva già come il centro emanatore dei grandi poteri economici, destinata a suggellare soprusi.

In un primo tempo, gli Stati Uniti sembravano intenzionati ad assumere un ruolo attivo anche in Medio Oriente. La commissione inviata sul posto nell'estate del 1919 aveva però concluso che – a parte l'Armenia – non vi erano basi per la nascita di paesi indipendenti. Il teologo congregazionalista Henry Churchill King e l'uomo d'affari Charles Richard Crane, partiti con simpatie sioniste, si erano accorti che non esisteva spazio per creare uno stato ebraico in Palestina senza ledere i diritti delle altre comunità. Il loro rapporto suggeriva la nascita di una Grande Siria che includeva Libano e Palestina, sotto mandato statunitense o, in seconda battuta, britannico.[113]

Wilson si era così trovato nel dilemma di sconfessare i sionisti o il rapporto King-Crane. Il destino lo aveva risolto per lui. Tra il settembre e l'ottobre 1919 era stato colpito da una serie di ictus che lo avevano reso gravemente invalido, con una paralisi del lato sinistro e una parziale cecità dell'occhio destro. Il 19 novembre il Senato americano, a maggioranza repubblicana, aveva respinto il trattato di Versailles, portando gli Stati Uniti verso il relativo disimpegno internazionale che avrebbe caratterizzato l'epoca successiva.

Le pietre grigie del Castello Devachan si impregnarono di luce. Sorse il sole del 6 Iyar 5680. Era il grande giorno atteso dagli ebrei, o almeno dai sionisti. Che poi, a guardare bene, nel Castello Devachan potevano considerarsi degli intrusi, imbucati solo grazie all'ingannevole omonimia tra il John Raphael armeno e l'altro John Raphael, esponente di una banca ancora oggi leader nel settore delle carte di credito.

Lord Curzon aprì la seduta dicendo: «Il governo di Sua Maestà britannica ha promulgato due anni fa una dichiarazione formale, accettata dalle potenze alleate, dove si afferma che la Palestina dovrà diventare la sede nazionale degli ebrei di tutto il mondo...».

La versione inserita nei verbali inglesi recita: «La Palestina sarà in futuro *the National Home*...». Quella in francese, a cura del verbalista italiano: «Il governo britannico tramite Lord Balfour ha pubblicato una dichiarazione formale contenente delle promesse fatte agli ebrei su *l'établissement de l'Etat futur de Palestine*...». È l'unica volta che appare il termine fatidico: "stato". Ogni parola dovrebbe pesare una tonnellata, invece sembra buttata lì a caso. Restiamo nella versione francese, meno conosciuta:

«Se gli ebrei non troveranno nel trattato la ripetizione degli impegni già presi – proseguì Curzon – ne saranno grandemente delusi. Credo che tutto il mondo accetti l'idea di questi impegni.

Rimane da discutere il modo in cui formularli. Credo che il migliore sia ripetere esattamente la dichiarazione di Lord Balfour, già accettata dagli alleati. La delegazione britannica in questo momento è oggetto di energiche pressioni da parte dei sionisti, che vorrebbero allargare le concessioni promesse. Io non voglio né farmi trascinare su questa strada, né limitare gli impegni già presi. Spero che la delegazione francese voglia accettare la dichiarazione nella sua forma primitiva».

George Nathaniel Curzon di Kedleston aveva preso il posto di Arthur Balfour nel 1919 come titolare del Foreign Office. Conservatore fino al midollo, da viceré dell'India aveva perfezionato il sistema del "governo indiretto", dedicandosi anche al restauro di monumenti storici come il Taj Mahal. Per paura delle trame segrete russe aveva inviato una spedizione militare in Tibet, regione considerata il centro spirituale del mondo, la sede degli antichi misteri, la cui violazione avrebbe provocato lo scatenamento di forze devastanti.

A Sanremo Curzon non era disposto a cedere di un millimetro. I sionisti, per la cui causa non nutriva particolari simpatie, consideravano la Dichiarazione Balfour «come la carta che riconosce la loro libertà e ci tengono che sia riprodotta esattamente come è stata formulata». Avrebbero voluto una garanzia più esplicita della rinascita dello stato ebraico, ma, come recita l'altro verbale: «Il governo britannico non è preparato ad andare oltre».

Critico sulla posizione del suo governo era stato invece Montagu, il segretario di Stato per l'India. E viste le prime reazioni dei musulmani lo si poteva capire. La Dichiarazione Balfour non era nota nel dettaglio ma il suo senso era trapelato chiaramente nelle settimane prima di Sanremo: divisione della Palestina dalla Siria e via libera a una massiccia immigrazione ebraica. Proteste veementi erano state inviate alle sedi diplomatiche delle potenze alleate e a Londra, con l'avviso che il loro tradimento nei confronti dei musulmani avrebbe scosso la pace generale.

Dal 4 al 7 aprile erano già esplosi in Palestina violenti disordini, che avevano causato nove morti (cinque ebrei e quattro arabi) e più di 200 feriti, soprattutto ebrei, anziani, donne e bambini. Gli arabi denunciavano l'acquisto massiccio delle terre con mezzi finanziari illimitati, lo sradicamento dei contadini e la politica segregazionista dei nuovi insediamenti. L'inchiesta britannica avrebbe individuato le cause dei disordini nella frustrazione araba per le promesse di indipendenza non mantenute e nel timore che la forte immigrazione ebraica li avrebbe ridotti alla soggezione politica ed economica. Il rapporto condannava i sionisti, «la cui invadenza e l'impazienza di ottenere il loro scopo finale sono i maggiori responsabili dell'insoddisfazione araba». I principali agitatori erano indicati nel leader nazionalista arabo Amin al-Husayni e nel "falco" del sionismo, Vladimir Evgen'evič Žabotinskij (Ze'ev Jabotinsky).[114] Voci mai provate suggerivano che dietro ai torbidi si celassero agenti dell'alto commissario Allenby, per conto di certi settori britannici che speravano di convincere il governo a non dare seguito alla Dichiarazione Balfour.

In un'intervista riportata dal giornale sionista "The Jewish Chronicle", Walter Rothschild aveva appena detto che tutti i dubbi ascoltati qua e là gli apparivano «impensabili e incredibili»: una decisione negativa avrebbe minato gravemente gli interessi della Gran Bretagna. «La Palestina fiorirà soltanto attraverso il lavoro degli ebrei, i capitali degli ebrei e i sacrifici degli ebrei. Lasciata nelle mani degli arabi, precipiterà di nuovo nella stagnazione. Senza contare che gli arabi in Palestina farebbero causa comune con il nazionalismo arabo in Egitto».[115]

Walter Rothschild avrebbe voluto fare il biologo, e solo con riluttanza si era messo a lavorare nel campo della sua famiglia. Ogni tanto i londinesi lo vedevano girare alla guida di una carrozza trainata da quattro zebre. A Sanremo lui non c'era, ma vi trovavamo concentrata una buona parte dei sionisti e filosionisti importanti. Balfour, convocato da Lloyd George come consigliere, era al Royal già dal 21 aprile. Chaim Weizmann si era precipitato da Gerusalemme pieno di aspettative e incertezze.

Herbert Samuel era appena rientrato dalla sua ricognizione a Gerusalemme. Non mancava un operativo dell'intelligence militare, Walter Gribbon, che tra gli ebrei della Palestina ottomana aveva creato una rete di spie capace di spianare la strada al generale Allenby.[116] Era presente anche Nahum Sokolow, segretario e ambasciatore del congresso sionista mondiale, artefice di un'intensa campagna per guadagnarsi l'appoggio del governo italiano, di quello francese e del Vaticano. Lloyd George, poi, aveva portato con sé il suo segretario parlamentare privato Philip Sassoon, che forse era più un dandy che un politico, ma comunque rappresentava le due maggiori dinastie finanziarie ebraiche: i Sassoon per parte di padre e i Rothschild per quella materna.

Dalle ore 16 del 24 aprile tutte le luci erano puntate sul Castello Devachan. Per la Palestina erano stati prodotti due documenti distinti, uno inglese e uno francese; ora si trattava di scegliere quale adottare o trovare una mediazione.[117] Prese la parola il segretario generale del Quai d'Orsay, Philippe Berthelot, che fino a quel momento si era limitato ad assistere Millerand. Berthelot iniziò subito a polemizzare con Curzon: la Dichiarazione Balfour non era mai stata accettata formalmente dal governo francese. Per tutta risposta, l'inglese gli lesse la lettera di apprezzamento inviata dall'allora ministro degli Esteri francese, Stephen Pichon, che aveva incontrato Sokolow. I termini dell'accordo erano stati approvati anche dal presidente degli Stati Uniti, dalla Grecia, dalla Cina, dalla Serbia e dal Siam. Fondamentale per Curzon era mantenerne intatta la seconda parte, quella che recitava: «Nulla deve essere fatto che pregiudichi i diritti civili e religiosi delle comunità non ebraiche della Palestina». Sarebbe stata «un'imprudenza» toccarla, secondo lui.[118]

Berthelot ripeté che, a suo giudizio, la Dichiarazione Balfour espressa nei termini che ora si volevano ripetere pari pari non era mai stata approvata dal governo francese. Intervenne anche il giapponese Matsui: «Per quanto mi riguarda non ricordo se il governo giapponese abbia accettato la dichiarazione di Lord

Balfour...». Una delle poche volte in cui apriva bocca in tutta la conferenza. Secondo Nitti guardava sempre tutti un po' stranito.

La discussione andò avanti, con il premier italiano che cercava di mediare, Curzon fermo sull'approvazione integrale del documento britannico e i francesi che gli muovevano un'obiezione dopo l'altra. Non si trattava di una pura questione di forma: Parigi era d'accordo che gli ebrei avessero un "focolare nazionale", ma non risultava chiaro cosa significasse per gli altri abitanti della Palestina. Per esempio, la questione delle comunità cattoliche: la Francia si era qualificata come protettrice del cattolicesimo nei luoghi santi e non intendeva perdere facilmente quel privilegio, o quella responsabilità. Solo che prospettare una specie di doppio mandato avrebbe causato problemi insormontabili: «Il compito di governare la Palestina – obiettò Lloyd George – non sarà semplice e non sarà reso meno difficile dal fatto che dovrà diventare la sede nazionale degli ebrei, che sono una razza straordinariamente intelligente, ma non facile da governare».[119] In ogni caso l'Inghilterra, culla del pensiero liberale, avrebbe garantito che tutte le fedi religiose fossero poste sullo stesso piano.

Restava da sciogliere il nodo principale: la Dichiarazione Balfour mirava alla creazione di uno stato ebraico? Berthelot, secondo cui «tutti gli ebrei in Francia» erano antisionisti e non avevano «nessuna intenzione di andare in Palestina», disse chiaramente che «sarebbe un errore mettere gli ebrei in una situazione differente dalle altre comunità. Significherebbe creare una sorta di stato ebraico, *cosa che non è nelle intenzioni del governo francese*».[120]

Le note prese su questo punto dalla segreteria britannica sono elusive, tanto che l'espressione di Berthelot ne esce sfumata. Curzon in particolare si trincerò dietro la definizione originaria, sostenendo che fosse più che sufficiente. La sua ambiguità faceva comodo agli inglesi ma in fondo anche ai sionisti, che non potevano certo dichiarare la nascita di uno stato ebraico con il 92 per cento della popolazione araba. Prima era necessaria una massiccia immigrazione, resa da quel momento "legale".

Ai francesi il testo non andava bene. Il principio di base restava quello già espresso nel 1789 da Stanislas di Clermond-Tonnerre: «Tutto va rifiutato agli ebrei come nazione, tutto va loro garantito come individui». L'ebraismo era una religione come le altre, da praticare, se uno lo desidera, in forma privata, come il cattolicesimo o il buddhismo, senza niente a che vedere con lo stato. La versione francese del progetto diceva: «Nulla deve essere fatto che pregiudichi i diritti politici, civili e religiosi delle comunità non ebraiche della Palestina». Berthelot insisteva perché fosse assolutamente chiaro che si creava in Palestina «un focolare nazionale per il popolo ebraico *e non uno stato ebraico*».[121]

Il verbale inglese omette totalmente queste parole e compie un giro da cui si capisce che Berthelot non accettava il testo della Dichiarazione Balfour alla lettera, ma solo nella sua sostanza. E non è finita qui. Berthelot e Millerand – che ricordiamo era ebreo – insistevano sui diritti politici indicati nel documento francese. Curzon ripeteva che la Dichiarazione Balfour andava inserita nel trattato così com'era: i sionisti gli avevano fatto pressioni per ottenere di più (sembrerebbe di intuire la modifica o la cancellazione della seconda parte), ma di meno non poteva essere. A un certo punto sbottò: «Mi chiedo se valga la pena di continuare una discussione in cui nessuna delle due parti intende recedere».

Millerand, tenace, osservò che i diritti civili e religiosi *non* comprendevano in francese quelli politici. Si poteva superare la difficoltà parlando solo di "diritti", senza altra specificazione. Curzon ribadì per l'ennesima volta che i termini esatti della Dichiarazione Balfour non si potevano cambiare. Gli replicò Millerand: «Allora chiedo che sia ufficialmente inteso e scritto a verbale che la formula *diritti civili e religiosi delle comunità non ebraiche*, nello spirito del governo britannico ha lo stesso significato della nostra *diritti politici, civili e religiosi*».

Lloyd George preferiva starsene in disparte, senza quasi intervenire nella discussione. Da un punto di vista personale non riusciva a digerire il suo ministro degli Esteri. Era sempre rigido, pomposo, arrogante, aristocratico. Ma da un punto di vista professionale era un funzionario eccellente. Come in quel momento, mentre stava ripetendo che, per il governo britannico, nei diritti civili erano compresi anche quelli politici, ma non aveva «niente in contrario a mettere nel verbale la dichiarazione di Monsieur Millerand».

«E quali sarebbero i diritti politici?», si intromise Ciccio Nitti.

«Per esempio i diritti elettorali», rispose il premier francese.

Dietro il botta e risposta c'erano anche le due diverse concezioni di stato prodotte dalla modernità: quella romantica, su base etnica, linguistica e razziale; quella illuminista, che raduna gli uomini, qualunque ne sia la provenienza, intorno a un progetto politico condiviso. Uno stato "ebraico" non avrebbe potuto essere, nella visione di Millerand e Berthelot, altro che una nazione costruita secondo il modello incarnato dalla Germania. E se ne erano già viste le conseguenze.

A questo punto Nitti spostò il discorso dalla questione più generale a quella dei cattolici protetti dalla Francia. Se anche non era una diversione intenzionale, fece il suo effetto. Millerand cedette (erano passate da un pezzo le 19): «Accetto da parte mia il testo della delegazione britannica, purché sia chiaro che nulla cambia nell'attuale situazione delle comunità non ebraiche in Palestina».[122]

Il verbale inglese presenta altre differenze importanti. Dopo avere tralasciato i due punti in cui Berthelot afferma in modo esplicito che la Francia *non* vuole la creazione di uno stato ebraico, sembra quasi distorcere le parole di Millerand, attribuendogli un interesse esclusivo per i diritti della comunità francese in Palestina (quindi scuole e istituzioni varie, terreno su cui lo aveva tirato Nitti). Poi gli fa dire che bisognerebbe cancellare l'espressione "diritti civili", mentre lui proponeva di togliere gli aggettivi, lasciando solo il termine "diritti". Subito dopo, Millerand accetta la versione britannica a patto di inserire a verbale che «saranno prese misure per la salvaguardia dei diritti civili e religiosi delle comunità non ebraiche esistenti in Palestina». Solo nel finale si mette in bocca al premier francese che la Dichiarazione Balfour resta quella che è, ma sono da inserire a verbale i diritti politici. Espressione che, nel riassunto conclusivo, diventa il «mantenimento dei diritti goduti in precedenza dalle comunità non ebraiche in Palestina», escluso il protettorato religioso della Francia in vigore nel periodo ottomano. Un caos.[123]

I sionisti cercavano una base d'appoggio giuridica su cui creare, nel futuro, uno stato legittimo dal punto di vista del diritto internazionale. Il pasticcio di Sanremo è infatti considerato il terzo passo verso la nascita di Israele, dopo la creazione del movimento sionista e la Dichiarazione Balfour; da alcuni il suo vero e proprio atto di concepimento:

La decisione presa a Sanremo rappresentò uno spartiacque nella storia del popolo ebraico, che era stato un popolo senza patria per circa duemila anni. Dalla prospettiva di Chaim Weizmann [...] «il riconoscimento dei nostri diritti in Palestina è incorporato nel trattato con la Turchia ed è divenuto parte del diritto internazionale. Questo rappresenta l'evento politico più rilevante in tutta la storia del nostro movimento, e forse non è esagerato dire in tutta la storia del nostro popolo a partire dall'esilio».[124]

Restavano da assegnare gli altri mandati; si doveva ancora parlare della Russia e della questione adriatica. Non c'era tempo. L'ultima parola toccò a Berthelot, che presto avrebbe assaggiato il sapore di uno scandalo legato a una grande banca, l'associata francese della Commerciale italiana.[125] Un lieve sollevamento dei baffi a manubrio accompagnò la sua memorabile sentenza, stavolta non riportata nel verbale francese:

«Si tratta di decisioni importanti, non di questioni minori come il sionismo».

Il poeta e il biochimico

Percorsi i tornanti di corso degli Inglesi bordati da roseti in fiore, l'ambasciatore americano era entrato nel Castello Devachan intorno alle 17. Johnson aveva ricevuto la nomina da poco e sembrava abbastanza spaesato. Come ci ha anticipato Nitti, era un poeta, un innamorato dell'Italia e delle sue vestigia storico-artistiche. Il lavoro diplomatico vero e proprio lo stavano facendo nell'ombra i consiglieri della legazione di Parigi, arrivati in tutta fretta a dargli sostegno.

Johnson era in ritardo per l'Armenia: i leader europei avevano appena deciso di rimettere la questione al presidente Wilson. Stava invece per cominciare la discussione sulla Palestina. Dopo i convenevoli, l'ambasciatore americano non aveva più spiccicato una parola. Notò sconcertato che non veniva trascritto nessun resoconto stenografico, ma solo appunti approssimativi. Gli italiani avevano un loro servizio di segreteria, che lavorava dietro Nitti. Il grosso lo faceva l'interprete Gustave Camerlynck, che, sedendo davanti al chairman, all'interno del ferro di cavallo, prendeva note quando si parlava in inglese per tradurre subito dopo in francese e viceversa (l'italiano non era lingua del convegno). I verbali che gli diede il segretario di Lloyd George, Maurice Hankey – come un favore e non come un obbligo – erano ricavati soprattutto dalle annotazioni di Camerlynck, e riflettevano quanto ritenuto importante da chi li aveva presi, non l'esatto contenuto delle conversazioni. Johnson poté vedere solo quelli delle cinque sedute a cui partecipò; gli altri gli vennero negati. In seguito chiese inutilmente i verbali della delegazione italiana. «In materie di così suprema importanza – scrisse – la parola precisa è tutto, e anche la parola precisa spesso non riesce a restituire l'animo del relatore».

Se il consiglio comunale di una qualche cittadina inglese o americana dovesse dare la licenza di ambulante a un venditore di prugne, probabilmente il verbale della seduta sarebbe più completo, chiaro e trasparente. Ma quando il più grande tribunale internazionale mai visto si riunisce per ridefinire l'assetto di mezzo mondo, creando nuove nazioni, tracciando ardue frontiere, spartendosi colonie come bottino di guerra, assumendo responsabilità colossali e permanenti, stabilendo nuovi, inimmaginabili princìpi e condizioni, si cercherebbe invano un esatto e autentico resoconto delle sue delibere.[126]

Per il leader sionista Chaim Weizmann la settimana della conferenza era passata in attesa del grande giorno. Era partito da Gerusalemme in fretta e furia, dopo i disordini di inizio mese. Passando per il Cairo aveva trovato i membri della ricca, assimilata comunità ebraico-egiziana che ballavano senza preoccuparsi minimamente della sorte del loro popolo. Da Alessandria aveva raggiunto Brindisi, quindi era arrivato a Sanremo in treno, stanco, affamato e snervato dagli scioperi. Appena imbattutosi in Philip Kerr, uno dei segretari di Lloyd George, lo aveva investito con i complimenti per «il primo pogrom avvenuto sotto protezione britannica». Voleva conferire subito con il primo ministro. Nella hall del Royal c'erano anche Sokolow e Samuel, tranquillissimi e inappuntabili: «Appena la vedrò un po' più simile a loro – ribatté Kerr – le fisserò un appuntamento».

Weizmann non era poi così sicuro che tutto sarebbe filato liscio. Temeva che i recenti tumulti avrebbero potuto cambiare i piani britannici, ma Balfour gli aveva assicurato che Curzon non vi attribuiva molta importanza. Lloyd George, dal canto suo, aveva già deciso che Herbert Samuel, di origini ebraiche, sarebbe diventato il primo alto commissario britannico in Palestina. Il piano sionista prevedeva un finanziamento di 10-20 milioni di sterline per lo sviluppo e l'immigrazione.

Mentre al castello si svolgeva la riunione decisiva, Weizmann solcava nervoso la hall del Royal, lunga tra una cosa e l'altra quasi cento metri. Intravide Lord Balfour tra le colonne doriche, anche lui in atteggiamento di attesa pensierosa: «Sta aspettando i delegati?», gli chiese. «Oh no», rispose l'altro. «Aspetto i miei partner di tennis. Sono in ritardo». (Balfour, fondatore e primo presidente dell'International Lawn Tennis Club of Great Britain, aveva più di settant'anni ma non demordeva).

Alla fine i conferenzieri uscirono dal castello e Lloyd George fece i complimenti a Weizmann, avvisandolo che si trattava di un'occasione unica, da sfruttare subito, prima che la situazione generale tornasse a solidificarsi. Altrimenti si sarebbe dovuto attendere un'altra fase di «scioglimento» (*solve et coagula* ecc.).

Tutti o quasi, a Sanremo, quella sera fecero festa ai delegati sionisti, incluso, racconta Weizmann, degli arabi che cenavano al Royal. Il giorno dopo la comunità ebraica di Genova inviò una delegazione. Le agenzie di stampa descrivevano scene di entusiasmo un po' in tutto il mondo. Alla Victoria Station di Londra i suoi seguaci lo stavano aspettando con la Torah, il rotolo della legge ebraica.[127]

In mezzo a riserve più o meno nascoste tra le righe di verbali approssimativi, il documento uscito dal Castello Devachan la sera del 24 aprile includeva senza cambiamenti la Dichiarazione Balfour. La pezza giuridica adesso c'era, un po' fasulla ma c'era, insieme con il mandato britannico, e questo permetteva ai sionisti di considerarsi soddisfatti, almeno per il momento. I verbali sarebbero rimasti per molti anni a prendere polvere negli scaffali ministeriali. Restavano incerte molte cose su quello che *non* si poteva chiamare "stato ebraico", ma con la decisione di Sanremo poteva cominciare una nuova era, un'era di «lavoro costruttivo».[128]

Solo Nitti, tra i protagonisti della conferenza, avrà abbastanza tempo per vederne il risultato finale. Il premier italiano, che durante la discussione non si era espresso, avrebbe in seguito affermato di essere contrario al sionismo e di avere inutilmente illustrato i suoi dubbi a Balfour. Un "focolare" ebraico che mantenesse vive le tradizioni culturali, la lingua, la religione, gli sembrava ragionevole, ma solo a patto che non si trasferissero in Palestina più di tre, quattromila persone all'anno. In caso contrario prevedeva conflitti sanguinosi, reazioni di intolleranza araba, maggiore antisemitismo sia in Oriente che nei paesi occidentali:

Dimostrai che il gran pericolo del *foyer* ebraico in Palestina era nel creare un razzismo ebraico. Difatti i più caldi sostenitori del progetto erano proprio ebrei non religiosi e anzi non credenti e liberi pensatori, che avevano creato una mistica razzista pericolosa: mistica di pensiero e, sopra tutto, mistica di potenza.[129]

Gli altri protagonisti del Castello Devachan moriranno prima della nascita di Israele: Curzon già nel 1925, Balfour nel 1930, Berthelot nel 1934, Venizelos nel 1936, Johnson nel 1937, Millerand nel 1943, Lloyd George nel 1945 e Matsui nel 1946.

La delusione araba

Chi doveva scrivere la giornata di domenica 25 aprile 1920 nel libro nero delle sventure era il popolo arabo. Per secoli era stato sottomesso a un potere ottomano che lasciava larghi spazi di autonomia e, nelle zone più periferiche dell'impero, si accontentava di tributi poco più che simbolici. I beduini del deserto non conoscevano altre leggi che quelle del Corano e le proprie usanze tribali. Il nazionalismo moderno era penetrato con la guerra, intrecciato ad ambizioni dinastiche, questioni religiose e rivalità personali. Da un lato c'era una nuova generazione di politici decisi a seguire la strada della autodeterminazione; dall'altro la potente famiglia hascemita guidata da Husayn, lo *sharif* della Mecca. Solo unendo le forze potevano raggiungere l'indipendenza. Nei primi mesi del 1915 era stato stilato a Damasco un protocollo comune, sottoscritto in giugno da Husayn. Il documento tracciava i confini di un futuro stato che comprendeva l'intera penisola arabica e tutto il Medio Oriente fino ai bordi della Turchia e della Persia.

Dalle sue rare foto, Al-Husayn ibn 'Ali Himmat ci osserverà per sempre con lo sguardo profondo che conviene a un presunto discendente del Profeta. Era nato a Costantinopoli nel 1854, aveva passato parecchi anni alla corte di Abdülhamid, era sposato con una donna turca e aveva parenti e beni nella capitale. Tra il luglio 1915 e il gennaio successivo aveva intrattenuto una fitta corrispondenza con l'alto commissario britannico in Egitto, Henry McMahon. In cambio della ribellione armata contro l'Impero ottomano, Husayn *credeva* di avere ricevuto la promessa dell'indipendenza araba nei confini tratteggiati dal protocollo di Damasco. In realtà McMahon era stato attento a non sbilanciarsi con dichiarazioni troppo esplicite. Più o meno nello stesso periodo (novembre 1915-marzo 1916) i diplomatici inglesi, francesi e russi mettevano nero su bianco un piano di spartizione dell'Impero ottomano che passava come un rullo compressore sulle aspirazioni panarabiche. L'accordo Sykes-Picot-Sazonov collocava la Siria nella sfera di influenza francese e la Mesopotamia con la Palestina in quella britannica (ai russi andava Costantinopoli, ma la rivoluzione li avrebbe messi fuori gioco). Poco dopo iniziavano le trattative di Balfour per ottenere l'appoggio dei sionisti. La matassa si faceva sempre più intricata.[130]

Le bande di beduini comandate dal colonnello Lawrence e dal figlio di Husayn, Faysal, avevano tormentato il fronte meridionale dell'Impero ottomano per tutto il resto del conflitto, entrando a Gerusalemme con il generale Allenby. Finita la guerra erano venute fuori tutte le contraddizioni. Lo *sharif*, come ricompensa del tradimento, si trovava in mano solo il regno dell'Hegiaz, che era già suo. Il resto dei territori arabi rischiava di essere frammentato, controllato dagli infedeli e invaso dagli ebrei. Il titolo di califfo, che Husayn avrebbe voluto ottenere, rimaneva al sultano ottomano.

Il principe Faysal non aveva ancora trentacinque anni il giorno in cui, a Sanremo, gli ex alleati decidevano cosa fare di lui. Tra i libri di Lawrence d'Arabia e le versioni cinematografiche è stato a lungo l'arabo più famoso del pianeta. Era andato alla conferenza di Parigi in abito tradizionale, con tanto di scimitarra nella cintola. Il 3 gennaio 1919 aveva firmato con Weizmann (vestito anche lui da arabo per l'occasione) un accordo in cui accettava la Dichiarazione Balfour in nome della comune origine semita. All'ultimo momento aveva aggiunto un codicillo che vincolava l'accordo alla realizzazione concreta dell'indipendenza araba.[131] Se sperava che sionisti e britannici riuscissero a fermare i progetti francesi sulla Siria si sbagliava di grosso. Il 3 giugno 1919 si tenne il primo congresso nazionale siriano. Un paio di settimane dopo la commissione statunitense di King e Crane trovava a Damasco un clima rovente sotto tutti gli aspetti. Il 2 luglio i nazionalisti si pronunciavano per la nascita di un regno arabo di Siria che includeva la Palestina e il Libano. Poi gli americani si erano volatilizzati e gli inglesi, accordandosi con i francesi, avevano ritirato le loro truppe. La sottile brutalità del più forte stava avendo la meglio. Nel gennaio 1920 Faysal aveva cercato ancora la strada di un compromesso, stavolta con la Francia, che però era stato violentemente respinto dagli indipendentisti. Il generale Henri Gouraud, alto commissario francese a Beirut, segnalava il pericolo in cui versavano le sue truppe e chiedeva rinforzi. L'8 marzo il secondo congresso nazionale siriano di Damasco aveva dichiarato l'indipendenza del regno di Siria all'interno dei suoi "confini naturali", che includevano la Palestina e il Libano. Faysal, un po' vittima e un po' eroe, ne era proclamato re.

"The Jewish Chronicle" del 25 aprile usciva già con un trafiletto in cui Faysal, come sovrano della Grande Siria, respingeva le decisioni appena prese a Sanremo e negava di avere mai consentito la creazione di una sede nazionale ebraica in Palestina.[132] In quelle ore gli statisti stavano confermando il mandato britannico in Palestina con inclusa la Dichiarazione Balfour, puntualizzando che ciò non comportava la rinuncia ai «diritti» (senza aggettivi in entrambe le versioni) goduti fino a quel momento dalle comunità non ebraiche. Gli inglesi si accollarono anche il mandato sulla Mesopotamia, che comprendeva il *vilayet* petrolifero di Mosul. L'ambasciatore Johnson notò ironicamente la sofferenza presente nella voce di Curzon mentre spiegava la «tremenda responsabilità» che si stava assumendo la Gran Bretagna. A momenti piangeva.[133]

La Francia incamerava Siria e Libano, puntando già i suoi cannoni contro l'incompatibile regno di Faysal. L'Hegiaz rimaneva alla famiglia hascemita, ma dato che quasi nessuno ha mai sentito parlare di un paese con quel nome, si può già intuire che presto gli succederà qualcosa di spiacevole. Il destino dell'Armenia venne affidato a Wilson, che ne avrebbe tracciato gli inutili confini, senza mandato americano.

DOPO SANREMO

Progetti senza fondamenta

D'Annunzio, da Fiume, aveva continuato per tutta la durata della conferenza a minacciare un bombardamento aereo del Castello Devachan, dove sapeva benissimo che gli statisti si aggiravano tra i suoi vecchi cimeli della Capponcina. Arrivò solo a dare alle stampe un volantino da spargere sulla città ligure come aveva fatto per Vienna due anni prima:

La conferenza di Pace riunita a Sanremo in una grossa villa di pessimo gusto, dove non v'è di nobile se non qualche rottame d'un mio antico naufragio, ha oggi davanti allo spirito umano un valore morale non più alto di quello delle bische che radunano su la dilettosa riva i vecchi bari bene azzimati e bene imbellettati.
Con alcune bombe della mia squadra aerea poste nel segno dalla mano maestra dei miei gloriosi aviatori, io potrei vendicare sui Pacieri tante frodi tante truffe tante baratterie commesse a danno della mia Patria che ha oggi il disonore e l'incomodo di ospitarli.
Preferisco ridermene…[134]

La questione adriatica non venne risolta, D'Annunzio continuò a rappresentare un motivo di imbarazzo politico internazionale e a chiamare "Cagoia" il capo del governo italiano. Ma i risultati della conferenza furono deludenti per la maggior parte dei protagonisti e per i popoli che rappresentavano. Nitti ne uscì indebolito, tanto che il suo governo cadde un mese e mezzo dopo. Diede la colpa a Giolitti, agli intrighi dei francesi e a quelli della Banca commerciale italiana, non senza qualche fondamento.[135] Lloyd George si giocò a Sanremo tutta la carriera politica. L'appoggio incondizionato a Venizelos e ai suoi sogni di "riellenizzazione" dell'Asia minore incontrarono una resistenza nazionalista insuperabile coagulata intorno alla figura carismatica del generale Mustafa Kemal, cioè Atatürk, fondatore della Turchia repubblicana. La guerra greco-turca si concluse nel 1922 con la disfatta di Atene, la fine del sultanato e del califfato ottomano (l'ultimo sultano, Mehmet VI Vahdeddin, si ritrovò esiliato a Sanremo, dove morì in circostanze poco chiare nel 1926).[136] Gli armeni erano stati già sbaragliati nel 1920 senza problemi.

Chi venne fuori meglio dalla conferenza fu Millerand, che pochi mesi dopo ascese alla presidenza della Repubblica francese. Ostinato e perfino violento, come lo descriveva Nitti, l'aveva spuntata sull'opposizione italiana e sull'atteggiamento conciliante dei britannici. Era riuscito a resistere con la "linea dura" nei confronti della Germania. Per il destino del popolo ebraico quel risultato avrebbe avuto un peso tragico e misterioso. Nitti scriverà infatti che a Sanremo si decise nelle sue linee generali il destino dell'Europa: pace o guerra, in un futuro non lontano. Già allora sarebbe stato possibile intraprendere una politica di integrazione europea. Una volta imboccata la strada punitiva nei confronti della Germania la via di ritorno era preclusa.[137] L'ora di Hitler si avvicinava.

La realtà

La spartizione del Medio Oriente, militarmente nelle mani degli alleati, si dimostrò la cosa più tragicamente solida uscita dal Castello Devachan. Il regno arabo di Siria rifiutò le delibere di Sanremo e iniziò a organizzare un esercito nazionale. Il 14 luglio 1920 il generale Gouraud diede l'ultimatum a Faysal. Il re arabo si arrese, ma non il ministro della Guerra Yusuf al-'Azma, che affrontò i cannoni nella battaglia di Khan Maysalun, dove perse la vita. Il 24 luglio cadde Damasco e il mandato della Francia su Siria e Libano poté entrare in vigore. Faysal venne espulso e andò a vivere in Gran Bretagna. Nel 1921 gli venne offerto come compenso il regno dell'Iraq, sotto mandato britannico fino al 1932. Alla scadenza Faysal, con le sue rimostranze e la sua personalità invadente, cominciò a dare fastidio. Morì improvvisamente a Berna nel 1933, probabilmente avvelenato.

Il regno dell'Hegiaz era già scomparso dalle cartine geografiche, cancellato dalle guerra che gli aveva mosso nel 1924 Ibn Sa'ud, sultano del Najd. Nel 1932 la regione dove si trovano le città sacre del mondo musulmano si sarebbe unita al Najd dando vita all'Arabia "Saudita".

Qualcuno ha detto che, con la Dichiarazione Balfour, una nazione prometteva solennemente a un'altra nazione la terra di una terza. Dal 1° settembre 1920 la Palestina si aprì senza limiti fissi all'immigrazione ebraica. La linea filobritannica di Weizmann sembrava uscirne vincente, ma il sionismo restava diviso: la destra di Jabotinsky premeva per il rafforzamento delle forze di autodifesa; il gruppo di David Ben Gurion reclamava maggiore spazio per il laburismo; i sionisti americani guidati da Brandeis erano pronti a spingersi più avanti nel progetto di creazione del focolare nazionale, ma senza pensarlo come sede di tutti gli ebrei. Dall'esterno, i francesi continuarono a mettere i bastoni tra le ruote nella definizione dei confini. Gli inglesi avevano bisogno anche dell'appoggio arabo per controllare lo spazio che andava dal Golfo Persico al Mediterraneo. Nel marzo 1921, durante una conferenza tenuta al Cairo, il nuovo ministro britannico delle Colonie Winston Churchill decise di separare dal mandato palestinese i territori a est del Giordano, cioè la Transgiordania, che venne affidata al secondo figlio di Husayn, 'Abd Allah. I sionisti si vedevano restringere il campo d'azione, mentre la dinastia hascemita toccava il punto più alto dopo la sua ribellione contro Costantinopoli: era alla testa di tre paesi, anche se per finta.

Nuovi incidenti in Palestina tra musulmani ed ebrei, con altre vittime, spinsero Samuel a limitare l'immigrazione. Il rapporto della Commissione Haycraft, pubblicato nell'ottobre 1921, individuava la causa fondamentale degli scontri nel malcontento arabo e nell'ostilità verso gli ebrei, per ragioni politiche ed economiche. I sionisti si indignarono perché la responsabilità morale delle violenze veniva addebitata a quelli che ne erano state le principali vittime. Per non parlare poi dell'amputazione di un pezzo della Terra d'Israele avvenuta dopo il distacco del regno transgiordano. Con sottigliezza perfida, il 30 giugno 1922 il ministero britannico informava l'organizzazione ebraica che la Dichiarazione Balfour non contemplava la trasformazione dell'intera Palestina nel loro focolare nazionale, ma solo che questo focolare dovesse sorgere *in* Palestina. Inoltre, non si trattava di imporre a tutti i suoi abitanti una nazionalità ebraica, bensì di sviluppare un "centro" verso cui tutti gli ebrei potessero provare un legittimo attaccamento.

L'esecutivo sionista incassò il colpo e sottoscrisse, a malincuore, il Libro Bianco di Churchill. Il 24 luglio 1922, a Londra, la Società delle Nazioni confermò alla Gran Bretagna il mandato palestinese, includendovi la Dichiarazione Balfour e il riconoscimento del legame storico esistente tra quei territori e gli ebrei. Gli americani, che non facevano parte della organizzazione, si accordarono direttamente con gli inglesi. Entro un anno vennero superate anche le resistenze italiane ai mandati franco-britannici in Medio Oriente e fu risolta la questione turca.

La Palestina restava dunque "focolare", "centro", *"home"* nazionale ebraico, ma in un senso troppo debole. Jabotinsky denunciò il cedimento. Nel 1925 lo scrittore e giornalista di Odessa diede vita al movimento "revisionista". Per lui e per i suoi seguaci, gli ideali originari del sionismo non potevano essere contrattati; la Terra d'Israele si estendeva su entrambi i lati del Giordano e lo scontro con gli arabi era inevitabile, quindi gli ebrei dovevano erigere un "muro di ferro" per difendere con le armi il loro progetto. Jabotinsky metteva la classe borghese al centro della nazione, criticava l'ideologia socialista e corteggiava Mussolini. Rimase in secondo piano sulla scena politica. Allo stesso tempo il socialismo, assumendo un'egemonia sempre maggiore nel movimento sionista, perdeva il suo carattere internazionalista, sviluppandosi nel senso di un collettivismo nazionale che escludeva la componente araba. Dietro il dissidio ideologico che li contrapponeva, i leader delle rispettive fazioni, Jabotinsky e Ben Gurion, lavoravano per costruire lo stesso muro. L'idea di uno stato binazionale, che mirava a integrare ebrei e arabi, era coltivata solo da una minoranza di intellettuali come Martin Buber e Gershom Sholem, che nel 1925 diedero vita all'associazione Brit Shalom, o Patto per la pace.

La terza e la quarta *aliyah*, formate soprattutto da ashkenaziti dell'est europeo, fecero precipitare i rapporti con gli altri abitanti della Palestina. Il 23 agosto 1929 gli arabi scatenarono un'aggressione contro gli ebrei della città vecchia di Gerusalemme. La violenza dilagò rapidamente. A Hebron vennero uccise quasi settanta persone, spesso nel modo più efferato. Nonostante questa evoluzione Lloyd George si dichiarava sempre convinto che le decisioni prese «nella bella cittadina sulle sponde del Mediterraneo occidentale» avevano garantito benessere e prosperità sia per la componente ebraica che per quella araba.[138] L'ex premier britannico, ormai fuori dai giochi politici, girava il Mediterraneo con il suo yacht e la sua segretaria preferita. Aveva cambiato idea solo sull'ex alto commissario a Gerusalemme, divenuto suo avversario: «Quando hanno circonciso Herbert Samuel hanno buttato via il pezzo sbagliato».

NUOVI FANTASMI

L'invalido di guerra

Nicholas Henry Archdale Porter era nato nel 1891 in una famiglia irlandese di signorotti di campagna, proprietari del castello di Belle Isle, vicino a Lisbellaw, nella contea di Fermanagh. Lavorava in Argentina con i cavalli quando lo scoppio della guerra lo aveva richiamato in patria per arruolarsi nel 9th Queen's Royal Lancers, lo stesso reggimento di suo fratello maggiore, John Grey. Quest'ultimo era caduto nella battaglia di Cambrai, sul fronte occidentale. Nicholas Henry era tornato a casa con un braccio fuori uso e varie ferite in tutto il corpo.

Il 22 gennaio 1922 l'ex gaucho della pampa entrò in possesso del Castello Devachan. Probabile che a Sanremo cercasse di ritrovare tranquillità e salute con la moglie Amy Guntherl, sposata tre anni prima. Probabile che non ci riuscì, perché in autunno la villa era di nuovo in vendita con annunci sul "Times" che ne ricordavano l'importanza storica. Il 18 aprile 1923 Archdale Porter mise all'asta l'arredamento, un po' per fare soldi e un po' per semplificare la soffocante stratificazione di oggetti accumulati nelle sue stanze. La guerra aveva cambiato il mondo e l'architettura degli interni, tanto che gli stessi, spietati "tagli" di suppellettili, li avrebbe compiuti anche il nuovo proprietario della villa di Montalto Maiano, il bibliofilo Tammaro De Marinis.[139] Se ne andarono così *Il casto Giuseppe*, un acquarello firmato Capra, uno Stevins, lo specchio, la consolle dal marmo rotto, il letto e i cuscini della camera di D'Annunzio, con buona parte dei 992 oggetti inseriti nel catalogo dell'asta, inclusi un cammello, una mucca, un drago e un elefante di maiolica confinati crudelmente in un sotterraneo. «Hanno un fato le cose», aveva scritto il vate. Non è escluso che abbia mandato qualcuno a ricomprarsi di nascosto le sue, visto che stava riempiendo come un uovo cosmico anche la nuova residenza di Gardone.

Intanto i francesi avevano messo in atto la loro minaccia di occupare la Ruhr, creando in Germania una tensione insostenibile. Verso la fine del 1923 Adolf Hitler, chiuso in carcere dopo il fallito colpo di stato del 9 novembre, iniziò a dettare il *Mein Kampf* al suo compagno di prigionia Rudolf Hess. Per Hitler gli ebrei, che avevano tradito la Germania passando dalla parte di inglesi e americani, erano «ripugnanti bastardi dalle gambe storte»; esseri inferiori, maligni, che però, nel segno della quantità e della materialità, puntavano alla conquista del potere mondiale. Una razza che cercava di distruggere lo spirito degli ariani traviando le «bionde e inesperte» fanciulle tedesche e «avvelenando» la loro purezza razziale.

Scriveva giusto in quel 1923 Leo Perutz, narratore boemo di origini ebraiche: «Giudizio universale: vuote sillabe d'altri tempi. Il tribunale di Dio: suscita in voi qualche sentimento questa espressione?»[140]

Nello stesso periodo Archdale Porter riuscì finalmente a sbarazzarsi del Castello Devachan e se ne tornò in Irlanda del Nord, dove le tortuose ondulazioni del terreno formano centinaia di isolette tra specchi d'acqua amati dai pescatori di trote. Per mezzo secolo farà il gentiluomo di campagna come i suoi antenati, prendendosi cura di Belle Isle, dei rampicanti sui muri di pietra e degli ampi prati verdi che sono i veri cieli di quel paese. In una foto scattata poco prima della sua morte, negli anni Settanta, lo vediamo sfoggiare una bella barba da hipster. Sembra un uomo felice anche lontano da Sanremo.[141]

Il grande Gatsby di Torino

Il 19 luglio 1924, nel periodo in cui Mussolini vacillava sotto l'urto del caso Matteotti, un fratello e una sorella firmarono le carte che li rendevano proprietari del Castello Devachan. Si chiamavano Giacomo Roberto e Consolina Pierina Cibrario. Comprarono in silenzio, cercando di non farsi notare, acquattandosi il più possibile tra le ombre del parco.[142]

Chi erano, e da chi dovevano nascondersi quei due? Facciamo un grande passo indietro, consapevoli che la realtà escogita sorprese irreali, difficili da introdurre in un racconto, dove diventano inverosimili.

Fino al 1917 la Russia, che non aveva un'industria cinematografica in grado di produrre materiali da ripresa, doveva importarli dall'estero. Con i bolscevichi al potere, poi, praticamente tutti gli imprenditori del settore erano scappati. Ma Lenin si rendeva conto di quanto fosse importante la propaganda per l'esito finale della rivoluzione, soprattutto quella per immagini, in grado di influenzare un popolo in massima parte analfabeta. Le prime esperienze con navi e treni di "agitazione proletaria" iniziarono nel 1918 sotto il coordinamento del commissario del popolo per l'Istruzione, Anatolij Vasil'evič Lunač arskij. Entro la fine del 1919 venti convogli propagandistici battevano lo sterminato territorio tra Europa e Asia.

Per un lavoro del genere ci voleva tanta materia prima, e i russi continuavano a non essere in grado di produrne di qualità adeguata. Qualche misterioso motivo aveva spinto il governo bolscevico a scartare l'idea di accordarsi con la Germania, con cui intratteneva rapporti commerciali dopo la pace di Brest-Litovsk.[143] È a questo punto che compare sulla scena un defilato rappresentante di varie società, tra cui l'americana Trans-Atlantic/Universal Films. Proprio lui, Giacomo Robero Cibrario, noleggiatore di pellicole e venditore di materiale cinematografico. Il torinese, ex bancario in Inghilterra, durante la guerra aveva già distribuito nelle sale russe *Intolerance* di David Wark Griffith. Il 10 maggio 1918 scrisse una lettera al Comitato cinematografico di Mosca presieduto da Evgenij Alekseevič Preobraž enskij:

Gentili Signori,
sono fortemente interessato allo sviluppo del Comitato cinematografico da quando ha iniziato i suoi lavori. Consapevole che l'arte della cinematografia necessita dei migliori mezzi tecnici e che alcuni di questi scarseggiano al momento in Russia, sarei molto lieto di entrare in trattative con Voi in qualità di rappresentante della società cinematografica Trans-Atlantic, per conto della quale ho l'onore di offrirVi i seguenti articoli...[144]

Cibrario arrivò a Mosca nei giorni in cui i Romanov venivano sterminati a Ekaterinburg. Il 24 luglio 1918 firmò un contratto per 20 macchine da presa, 200 grandi proiettori, 1500 proiettori scolastici, apparecchiature elettriche, milioni di metri di pellicola e altro materiale per un valore complessivo di un milione di dollari. Circa un cinquecentesimo di tutte le riserve valutarie della Russia, paese soffocato da un cordone sanitario internazionale e già in piena guerra civile. Quasi 17 milioni di dollari attuali destinati alla nascita dell'industria cinematografica sovietica, dunque sottratti all'acquisto di armi o generi di prima necessità.

Il governo di Mosca depositò il milione presso la National City Bank di New York attraverso una filiale moscovita della banca, ancora attiva.[145] Ma la cosa più strana resta che Mosca si fosse affidata a un piemontese sconosciuto: di comunisti crudeli sì, ma di comunisti ingenui non abbiamo mai sentito parlare. Preobraž enskij mise in tasca a Cibrario 10 mila dollari (ora sarebbero 170 mila) come acconto sui 60 mila che dovevano costituire la sua "stecca" (circa un milione di dollari, adesso). Per uno abituato a guadagnare 2 mila dollari l'anno (più o meno 35 mila attuali) era tanto. Comportandosi da onesto mediatore si sarebbe messo a posto fino all'età della pensione.

Cibrario, però, era una vera canaglia. Partito in agosto per l'America, trascorse diversi mesi a Stoccolma, perdendo in borsa (disse lui) quasi tutto il liquido che gli avevano anticipato. Arrivò a New York solo in dicembre, finita la guerra. Da contratto gli restava tempo fino a Natale per concludere gli acquisti, ma intanto nei confronti della Russia era scattato l'embargo e quindi poteva prendersela con una certa calma.

Per un bel po' a Mosca non sospettarono di niente. Anzi sembra che nel 1919 Lenin, dopo avere visto una copia di *Intolerance* sfuggita al blocco, avesse incaricato Cibario di convincere a tutti i costi Griffith a lavorare per il cinema sovietico.[146]

Intanto il piemontese perfezionava il suo piano. Dopo avere creato una dozzina di finte società, si era messo ad acquistare in giro materiale scadente per rivenderlo a se stesso e presentare alla National City Bank fatture gonfiate. Un vecchio proiettore da 70 dollari lo fatturava a 227, che si faceva interamente rimborsare. Il materiale non veniva spedito, ma accumulato in un magazzino. Sergej Michajlovič Ejzenštejn aspettava invano la cinepresa per realizzare i suoi capolavori.

Abbiamo accennato prima a Lunač arskij. Ne approfittiamo per rilevare come il comunismo – al contrario di quanto si pensi di solito – non sia estraneo alle grandi correnti esoteriche che hanno determinato gli eventi storici degli ultimi secoli. Proprio il commissario del popolo per l'Istruzione era un interprete del suo elemento religioso, escatologico. I "costruttori di Dio" come lui pensavano che il divino fosse da edificare attraverso l'opera collettiva dell'umanità. L'uomo sarebbe il vero essere supremo, che crea se stesso e redime il mondo attraverso le conquiste della ragione tecnico-scientifica. Erano idee espresse nel XIX secolo da Ludwig Feuerbach, ma provenienti da più lontano. Lo gnosticismo antico vedeva nell'uomo la presenza di una scintilla del "vero Dio", e questo mondo come la creazione di un demiurgo malvagio o incapace. In alcune versioni, Lucifero o il Serpente indicavano già la ribellione della conoscenza come via di salvezza. Il misticismo popolare russo era immerso in atmosfere millenaristiche; la Qabbalah ebraica, che faceva parte del patrimonio culturale di molti rivoluzionari, poteva ammettere che Yahweh non sia né onnipotente né perfetto, come dimostra il mondo: va dunque perfezionato, e soltanto gli uomini possono cancellare le mancanze di Dio.[147]

Nemmeno il capitalismo sfugge a una interpretazione esoterica. Marx parla del denaro come di una «divinità visibile», una forza capace di trasformare pensieri e desideri in fatti reali. Un'entità sovrumana, creatrice e al tempo stesso sovvertitrice; «confusione universale e universale rovesciamento delle cose».[148] Chi fosse in grado di produrlo e di metterlo in circolazione come simbolo universalmente accettato di valore, acquisirebbe senza dubbio prerogative trascendenti.

Mentre quelli come Lunačarskij si davano da fare con falce e martello, simboli alchemici della trasmutazione della materia, Cibrario continuava a riempire magazzini di rottami inservibili, ma fatturati come nuovi. Tra il 1919, il 1920 e parte del 1921 riuscì in questo modo a risucchiare 900 mila dollari dal conto sovietico della National City Bank. Comprò un appartamento al 370 Central Park West, un edificio in stile Tudor appena costruito in una delle zone più esclusive di New York. Dava ricevimenti, sfoggiava anelli con diamanti e girava su due Packard. Era diventato "Jacques" Cibrario, il grande Gatsby di Torino, che inseguiva la sua luce verde, «il futuro orgiastico che anno per anno indietreggia davanti a noi», come si esprimeva Francis Scott Fitzgerald.

Il truffatore sperava di sicuro che tutti quelli con cui aveva trattato a Mosca fossero crepati nel corso della guerra civile, ma sbagliò pronostico. Allentato il blocco commerciale con la Russia dopo le trattative iniziate a Sanremo, Mosca iniziò a sospettare che ci fosse sotto qualcosa di losco. Nel frattempo il piemontese stava mettendo al sicuro i suoi guadagni attraverso la Barclays di Londra, il Banco di Roma e un non precisato istituto finanziario di Amsterdam. Nel luglio 1921 la New York City Bank pretese che fosse spedita almeno una parte del materiale, come prova di correttezza; ma quando pellicole e cineprese arrivarono in

Estonia e i russi videro di cosa si trattava, si rifiutarono di toccarle. Avevano già incaricato un avvocato newyorkese di curare gli interessi del Comitato cinematografico. Cibrario fu arrestato in casa sua il 1° agosto 1921, nel corso di una cena dove lui e i suoi amici erano serviti da camerieri in livrea. Il tribunale lo lasciò libero dietro una cauzione di 10 mila dollari. Ricomparve davanti al giudice pochi giorni dopo, vestito all'ultima moda e senza che gli si potesse leggere sul volto la minima apprensione.[149] L'unica fotografia che abbiamo di lui, apparsa su un giornale americano, ci mostra un uomo dal viso scialbo e affilato, con una strana luce negli occhi, forse anche verde. Comunque "l'agente sovietico" riuscì a dimostrare che il materiale lo aveva acquistato, accumulato e spedito, anche se in ritardo per colpa del blocco commerciale. Il governo di Mosca, non riconosciuto dagli Stati Uniti, mancava di titoli per citarlo in giudizio. Cibrario lasciò subito il paese portandosi via una delle Packard.

Ce lo ritroviamo a Sanremo nell'estate 1924, proprietario del Castello Devachan. I signori delle ville si scambiavano visite, organizzavano feste in maschera, tè danzanti, concerti e serate di bridge. Cibrario e sua sorella no. Giacomo si fece la fama di «un facoltoso piemontese la cui attività era peraltro ignota a tutti e che, per deliberato proposito, non frequentava la società».[150] Per forza! Aveva perso di vista il sogno americano ma si era comprato un pezzo di paradiso in Italia dove quei rossi senza Dio non dovevano assolutamente rintracciarlo!

Mentre Trockij, Stalin e Bucharin lottavano come successori del defunto Lenin, nessuno aveva tempo per occuparsi di lui. Per più di un anno riuscì a passare inosservato. Fitzgerald, che stava giusto finendo di scrivere *The Great Gatsby*, fece una tappa a Sanremo nell'ottobre 1924 senza accorgersi che un perfetto esemplare del suo gangster ricco, triste e perverso si trovava proprio lì.[151]

Nel 1926 "Il Messaggero" annunciava che il Castello Devachan era passato al commissario del popolo Trockij. Notizia falsa, ma significava i russi che avevano scovato il truffatore.

Il governo di Mosca ottenne prima dal pretore di Roma e poi dal tribunale di Torino un decreto di sequestro conservativo della villa. Effetto? Zero. Allora denunciò Cibario e la National City Bank al tribunale di Sanremo. Il processo, complicato dalle testimonianze straniere, durò più di due anni. Il 2 aprile 1929 il torinese venne assolto perché l'Urss non avrebbe avuto la capacità processuale per agire in Italia riguardo fatti accaduti all'estero. Scagionata anche la banca statunitense, verso cui la magistratura italiana si dichiarava incompetente.[152]

Tre giorni prima della sentenza, Cibrario aveva già venduto il Castello Devachan alla Società anonima immobiliare ligure lombarda di Milano. Questa se ne sbarazzò il 7 maggio, girandola a un inglese di cui parleremo.[153] I sovietici, sospettando un'ulteriore truffa combinata fra Cibrario, gli immobiliaristi milanesi e questo capitalista inglese, che per di più era sposato con una russa di famiglia reazionaria, non la presero bene. Ricorsero così al tribunale di Genova, che nel 1930 diede loro in parte ragione. A quel punto tornarono in campo anche Cibrario e la National City Bank. Il 17 novembre 1931 arrivò il pronunciamento della Cassazione. Una sentenza complessa, piena di delicati risvolti di diritto internazionale, dove sostanzialmente l'Urss non ottenne nulla.[154]

Nel 1933 gli Stati Uniti riconobbero l'Unione Sovietica, che finalmente poté citare in giudizio la National City Bank davanti alla giustizia americana. La disputa legale rimase però sul piano diplomatico, senza finire in tribunale. Tra l'aprile 1937 e il giugno 1939 uno scambio di note tra Washington e Mosca definiva una serie di questioni non chiarite dall'accordo tra i due paesi, compresa quella Cibrario/National City Bank. Il caso si chiuse nel luglio 1942 con il versamento di una somma imprecisata alla rappresentanza dell'Urss, che forse sarà stata utile nella battaglia di Stalingrado.[155]

Il truffatore torinese aveva intanto fatto perdere le sue tracce. Sul suo conto non troviamo più niente, come se si fosse volatilizzato. Visto che Stalin se l'era legata al dito non è detto che per lui si tratti di un buon segno.[156]

La principessa volante

Se nessuno le ha trovate, la pietra angolare del castello dovrebbe nascondere ancora le monete d'oro e la pergamena con la firma di chi aveva partecipato alla sua posa nel 1910, inclusa quella di Anne von Löwenstein-Wertheim-Freudenberg, nata Anne Savile. La sorellastra di John Horace aveva continuato a scorrazzare imperterrita per i cieli con il cognome e la nazionalità del marito defunto. Durante la guerra, in quanto "suddito nemico", non avrebbe potuto allontanarsi più di cinque miglia dalla sua residenza di Londra, 8 Upper Belgrave Street. Se ne fregò e andò a Manchester, contattando una fabbrica di aeroplani per acquistarne uno capace di trasportare quattro passeggeri. L'arrestarono come una spia tedesca intenzionata a evacuare quattro agenti del Reich. Suo fratello dovette testimoniare che era affetta da una vera e propria mania per il volo e che la famiglia aveva inutilmente cercato di curarla. Con la Germania non aveva nessun rapporto tranne quello di essere stata sposata per due anni con un nobile teutonico.[157]
Dopo la guerra "la principessa volante" fece amicizia con il capitano Leslie Hamilton, detto "lo zingaro volante". La coppia perfetta si lanciò in grosse imprese, tra cui la più grossa fu quella di emulare con rotta opposta la traversata atlantica di Charles Lindbergh. Hamilton intendeva essere il primo uomo a volare dall'Europa all'America. Lady Anne, nonostante le proteste di suo fratello, decise di finanziarlo a patto che l'aereo fosse battezzato *Saint Raphael* e lei potesse unirsi all'equipaggio. All'alba del 31 agosto l'arcivescovo cattolico di Cardiff benedisse il monoplano Fokker FVII, augurando a tutti di arrivare sani e salvi. Baciato l'anello cardinalizio, la principessa salì a bordo

indossando un elegante cappellino nero con piume gialle, tailleur rosso, pantaloni rossi al ginocchio, calze di seta nera e scarpe gialle. Hamilton portava una giacca a doppio petto sopra un panciotto chiaro, come se andasse al Savoy per un cocktail. Avevano una scorta di panini, caffè e 3600 litri di carburante. Con il colonnello Fred F. Minchin come copilota, i tre decollarono a stento da Upavon, nello Wiltshire, diretti a Ottawa senza scalo. Furono avvistati sopra l'Irlanda; poi da una nave in mezzo all'Atlantico, solitari in mezzo a tutto quell'azzurro sinistro. Intorno alle 6 del mattino seguente il piroscafo olandese Blijdendijik segnalò una luce che si muoveva fuori rotta a circa 420 miglia da New York. Svanirono definitivamente tra i banchi di Terranova, inghiottiti dall'universo, con il cappellino e il tutto resto.[158]

La principessa aveva fatto la stessa fine del bisnonno Edward, solo in un altro emisfero.

Il 6 febbraio 1928 un tribunale britannico dichiarò la morte presunta di Anne von Löwenstein-Wertheim-Freudenberg, che lasciava un'eredità di quasi 50 mila sterline (oggi circa 3 milioni). I familiari murarono una targa commemorativa nella chiesa di Saint Raphael, eretta a Londra dai loro antenati armeni. Quello stesso anno l'Ontario dedicò alcuni dei suoi innumerevoli specchi d'acqua agli aviatori morti nel corso degli ultimi tentativi di trasvolata atlantica. Da allora, le inquiete nuvole del nord-ovest si riflettono ogni giorno su un lago Hamilton, un lago Michin e un lago Wertheim, dedicato ad Anne Savile.

La società anonima

Nel 1926 si parlava di costruire un'autostrada che avrebbe dovuto collegare Sanremo alla Costa Azzurra partendo dal Castello Devachan; un progetto finanziabile attraverso i proventi del casinò, in procinto di essere pienamente legalizzato dal governo italiano. Sarebbe stata la seconda strada esclusivamente per le auto in Italia e nel mondo, dopo la Milano-Laghi.

Non se ne fece niente perché, intorno alla casa da gioco, era in atto una dura battaglia tra cordate economico-politiche differenti, con equilibri che interessavano tanto la componente governativa fascista quanto le maggiori forze bancarie e industriali del paese.[159] La soluzione uscirà da un compromesso, con relativa lottizzazione, suggellato alla fine del 1927. Per Sanremo iniziava una nuova epoca di splendori e di intrighi. Per il Castello Devachan sfumava la prospettiva di trasformarsi in un capolinea.

Il 6 dicembre 1928 nasceva a Milano l'Anonima immobiliare ligure lombarda, presidente il ragioniere Raffaello La Pegna. Il capitale della società era decisamente modesto: 10 mila lire, di cui solo 3 mila effettivamente versate. Alle 18.30 del 22 marzo 1929 lo sgangherato sodalizio si riunì nello studio di un notaio milanese per deliberare un aumento di capitale: da 10 mila a un milione di lire. Un bel salto di qualità, visto che oggi sarebbero più o meno le stesse cifre in euro.

Sette giorni dopo, la Ligure lombarda metteva le mani sul Castello Devachan. Sorge il forte sospetto che i soldi ce li avesse messi Cibrario e che i membri della società fossero suoi amici o parenti. Il 7 maggio – pochi giorni dopo il verdetto favorevole del tribunale – la proprietà venne rivenduta al colonnello Thomas Edward Knowles Stansfield attraverso mediatori britannici.[160] Un vero gioco di prestigio.

Cerchiamo di capirci qualcosa prima di concentraci sul nuovo proprietario del castello. La Pegna era torinese, come Cibrario, ma residente a Milano. Già da qualche anno aveva brevettato a livello internazionale una macchina da scrivere per la contabilità automatica, o meglio un apparato meccanico da integrare nelle macchine normali. Riuscirà a farsela costruire dalla Olivetti come estensione della celebre M.20, di cui formava la parte dattilografica, con 43 tasti disposti su quattro file. L'Olivetti-La Pegna si sarebbe dimostrata particolarmente adatta per la contabilità alberghiera.[161] Nel febbraio 1931 l'immobiliare allargherà il ventaglio degli azionisti eleggendo come amministratore unico il conte piemontese Luigi Vialardi di

Villanova, residente a Parigi. Due anni dopo i processi Cibrario/New York City Bank/Ligure lombarda/Stansfield vs Unione sovietica si sarebbero chiusi lasciando i russi con un palmo di naso e il truffatore libero. In compenso il 6 agosto 1937 il conte Vialardi venne trovato morto nei giardinetti pubblici di Alessandria (in Piemonte, non in Egitto), dove nessuno sapeva cosa ci facesse. Non aveva lasciato uno straccio di registro contabile. La Pegna indicò alcuni ex collaboratori della società che forse conservavano qualche documento legale. L'unica cosa rimasta in mano agli azionisti era a quel punto un terreno nel comune di Sanremo, incolto e gravato da undici ipoteche. Per il resto, tasse, imposte e spese legali mai pagate dal 1929.[162]

L'alienista

Conosceva la situazione giuridica del Castello Devachan, Stansfield, quando lo aveva acquistato nel 1929? Pensiamo di sì. La Immobiliare ligure lombarda aveva venduto attraverso la mediazione della Harrods di Brompton Road, società che gestisce i famosi grandi magazzini londinesi, passata a una finanziaria anglo-ebraica. Probabilmente il colonnello era disposto a correre qualche rischio e con i comunisti se l'era legata al dito.

Il nuovo proprietario del castello era nato nel 1862 da una famiglia di commercianti di pellami dello Yorkshire occidentale. Dopo qualche ignota divagazione si era laureato in medicina a Edimburgo, nel 1889. Subito aveva cominciato a occuparsi di malattie mentali e di *lunatics*, come si diceva in Gran Bretagna. Accumulata esperienza in un paio di manicomi londinesi, nel 1898 passava a dirigere quello di Bexley. Gli asili psichiatrici somigliavano a gironi infernali, con pazienti cronici e acuti che trascinavano la loro dannazione uno accanto all'altro, infermieri rozzi e impreparati, medici impotenti quando non sadici. Su tutto incombeva una rassegnata approssimazione.

Stansfield studiò i sistemi all'avanguardia in Germania e negli Stati Uniti, introducendo a Bexley miglioramenti decisivi. Per prima cosa stabilì che i medici dovessero documentare con precisione la loro attività clinica, decisione che gli avrebbe attirato l'ostilità dei dipendenti se non fosse riuscito a raddoppiare il personale. Poi trasformò il tetro e compatto edificio del manicomio, nato per ospitare oltre duemila pazienti, in un sistema di cottage interconnessi che permetteva di separare acuti e cronici, rendendo la vita più umana. Introdusse anche qualcosa di simile a una psicoterapia basata sulla parola, con sistemi meno costrittivi, attività lavorative e ricreative.

Stansfield era uno di quegli uomini che, mettendo in ciò che fanno una concentrazione totale, pretendono lo stesso dagli altri. Non voleva nemmeno che i suoi medici si sposassero. Si creò così la fama del misogino, salvo smentire tutti nel 1908, quando prese in moglie Mary Caroline Dever, figlia di un senatore canadese di Terranova, là dove si era persa la principessa volante. Un suo fedele collaboratore descriveva Stanfield così:

Di struttura fisica armonica e forte, esternava prontamente i propri sentimenti, che a volte erano di rabbia ma spesso di estrema gentilezza. Le sue maniere potevano essere inquisitive o anche sfidanti; ma l'aspetto, o meglio lo sguardo, era sempre attento, acuto e virile. Un po' più alto della media, lo sembrava ancora di più grazie al portamento, da cui emanava un'aria di naturale padronanza, di sicurezza di sé e di autorevolezza. Correggeva un difetto visivo dell'occhio destro con un monocolo, che ad alcune persone sta male ma nel suo caso sembrava quasi una parte del suo corpo.[163]

Una delle sue fissazioni era l'eugenetica, che avrebbe dovuto rimediare alla degenerazione sempre più diffusa – riteneva lui – negli strati subalterni della società britannica. Durante la guerra servì nell'esercito come colonnello medico e si espresse in modo molto scettico sulla diagnosi di "shock da esplosione", il disturbo post traumatico che lasciava gli uomini inebetiti, con la mente rapita dai morti.

Stansfield ricevette l'onorificenza di *Commander* dell'Ordine dell'Impero. Avrebbe voluto tornare al manicomio, ma non riconosceva più il suo vecchio mondo. Non digeriva tutti quei comunisti che volevano sovvertire l'ordine sociale. Aveva messo da parte dei soldi investendo nell'editoria giornalistica. Il capitale gli rendeva. Nel 1921, appena arrivato all'età della pensione, si ritirò a coltivare rose in una villa di Wimbledon, non lontano dalla casa che era stata di John Horace, altro appassionato giardiniere.

La moglie morì nel 1926. Stansfield fece un viaggio a Parigi, dove conobbe Marija Aleksandrovna Efremova, russa, profuga dopo la rivoluzione bolscevica, che per sopravvivere faceva la cantante-ballerina. La sposò nel 1929 e andò con lei a vivere nel Castello Devachan. Trovò la dimora dei loro sogni attraverso la mediazione dell'agente Harrods sulla Costa Azzurra, un certo John Pullar Phibbs, un inventore come La Pegna.[164]

Gli Stansfield, diversamente da Cibrario, si integrarono subito nella vita sociale della città. Marija Efremova si esibiva come contralto davanti ai suoi ospiti. L'élite internazionale aspettava la morte tra un concertino domestico e una puntata al casinò. Il colonnello amava più che altro il bridge, dove faceva spesso coppia con un giovane cronista di Sanremo. In un album di quegli anni ci appare come un ometto elegante e spettrale, senza monocolo, circondato da due donne e parecchi cani.

Due. Con l'inglese misogino e la russa viveva infatti una certa signorina Clemenz.[165] Non si capisce fino in fondo la natura del loro *ménage à trois,* tra l'altro perché Marija Efremova guardava sempre i fotografi come se cercasse di trapanarli. Comunque, intorno al 1938 Stanfield si ammalò gravemente e il 19 febbraio 1939 morì a Parigi, dove cercava una inutile cura.

La vedova, che aveva allora 58 anni, rimase in Riviera, trasformandosi nell'animatrice di un gruppo di nostalgici. A Sanremo esisteva infatti una piccola ma viva comunità di russi fuggiti dai bolscevichi dopo la rivoluzione. Madame Efremova apriva per loro il Castello Devachan, che sembrava fatto apposta per continuare la tradizione delle ville principesche in Crimea. Gli esiliati si stringevano intorno al samovar per cantare canzoni popolari, recitare poesie di Puškin e sognare che Lenin, Trockij e Stalin non fossero mai esistiti.[166]

RIVIERA ESOTERICA

Incontri con uomini straordinari

La definizione di Sanremo come «quartier generale dei veri stregoni ebrei» la dobbiamo a Walter Benjamin e alla circostanza che l'ex moglie del filosofo vi gestisse una pensione.[167] Gli «stregoni» sarebbero i membri di un gruppo che faceva capo a Oskar Goldberg, intellettuale berlinese oggi quasi dimenticato ma famoso tra le due guerre.

Goldberg non è un personaggio di facile decifrazione. Nato a Berlino nel 1885, aveva studiato medicina, antropologia, etnologia, filosofia, teologia. Negli anni della guerra aveva vissuto in un monastero tibetano con il Dalai Lama. Gershom Scholem, il grande studioso di mistica ebraica e sionista che auspicava la nascita in Palestina di uno stato binazionale, accusava Goldberg di essere influenzato dalla teosofia blavatskiana. L'altro negava ogni collegamento. Inizialmente Goldberg era riuscito ad attrarre intellettuali come Benjamin e Thomas Mann, che poi gli si erano rivoltati contro. Mann lo avrebbe descritto nel *Doktor Faustus* come un'incarnazione demoniaca. Scholem, che lo aveva detestato dal principio, gli creò intorno la fama di razzista e di fascista.

In realtà Goldberg era antisionista in quanto contrario a ogni forma di stato, qualunque ne fosse l'ispirazione ideologica. I popoli sarebbero espressioni biologiche di entità trascendenti, entità con cui dovrebbero vivere in contatto diretto attraverso una ritualità magica che, per gli ebrei, era quella dettata da

YHWH nei primi libri della Bibbia. Secondo Goldberg, quando Salomone aveva costruito il suo tempio, introducendo una teologia astratta, Dio si sarebbe ritirato nei cieli. Con il passaggio da una comunità organica, unita dalla magia del culto, a una comunità statale, YHWH aveva abbandonato il suo popolo. Era allora apparsa la malattia ebraica del nazionalismo politico-religioso.[168]

Goldberg era arrivato a Sanremo nel 1932 e aveva riempito le edicole cittadine della sua opera principale, *La realtà degli ebrei*. Per il resto passava la maggior parte del tempo al casinò, dove metteva alla prova ai tavoli della roulette la propria scienza numerologica, in qualche modo derivata dalla Qabbalah.

La costa teosofica

Mentre gli adepti di Goldberg erano quattro gatti, la religione teosofica cui si era convertito il defunto John Horace Savile contava un gran numero di seguaci sparsi sulle riviere mediterraneee. E tutti più o meno antinazisti. Le "potenze infere" si erano messe al lavoro per impedire che l'umanità raggiungesse un gradino superiore della sua evoluzione spirituale. Contenerle, impedire che si scatenassero, era un arduo compito anche per le "guide" più illuminate. Per cogliere con un'immagine lo stato d'animo dei teosofi verso il nazismo possiamo ricorrere alla copertina di un volume del finlandese Pekka Ervast, apparso nel 1933:[169]

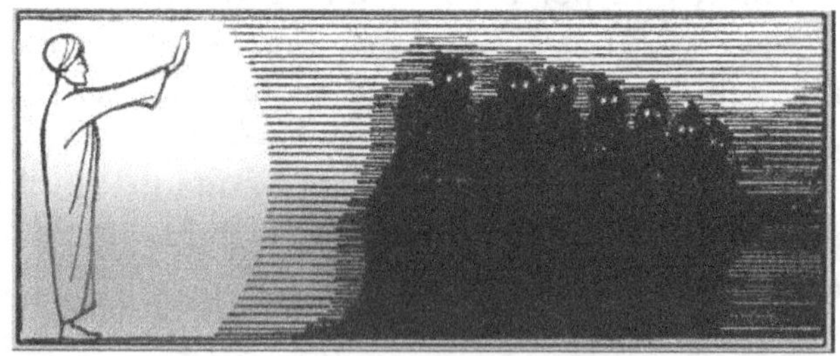

Secondo gli informatori della polizia italiana, i teosofi raccoglievano fondi anche contro il fascismo. I loro capi si sarebbero serviti dei russi «più torbidi» sparsi dalla rivoluzione tra Parigi, Ginevra, la Costa Azzurra e la Riviera ligure. Gli stessi capi avrebbero utilizzato pure inglesi e americani, che rappresentavano una facciata della massoneria internazionale nei paesi, come l'Italia, da dove era stata eliminata. Alcuni di loro sarebbero stati direttamente al servizio dell'intelligence britannica. La rete partiva da Nizza e da Cannes per estendersi alle stazioni balneari e climatiche italiane. La Riviera ligure «rigurgitava» di seguaci del movimento blavatskiano. C'era da diffidare perfino dei gruppi esoterici più vicini dottrinalmente al fascismo, perché ne avevano in mente una forma ideale, che non rispondeva alla realtà. Lo scopo restava sempre la realizzazione di un nuovo ordine politico mondiale, in apparenza democratico, ma retto da una élite iniziatica segreta.[170]

Antroposofia e casinò

In realtà, a Sanremo, il movimento esoterico più attivo era quello antroposofico. Lo aveva fondato nel 1913 l'austriaco Rudolf Steiner, in dissenso con gli sviluppi della società blavatskiana cui lo stesso Steiner era appartenuto fino a quel momento. La fazione scismatica aveva preso piede soprattutto nei paesi di lingua tedesca e la guerra mondiale non aveva fatto altro che scavare un solco sempre più grande. L'antroposofia aveva attecchito anche in Italia, dove erano stati aperti centri a Milano, Trieste e Roma. A Sanremo Marco Spaini, direttore dei giochi del casinò, si appoggiava alle attività culturali finanziate attraverso le roulette per diffondere le idee di Steiner. Al contrario della teosofia, che utilizzava un impianto terminologico di derivazione orientale, l'antroposofia collocava nel centro dell'evoluzione cosmica la figura di Cristo come entità "solare" che si era incarnata per redimere uomo e materia, riportandoli alla origine spirituale.

Secondo la polizia fascista, il movimento steineriano aveva un carattere più compatibile con le forme della religione nazionale, sia pure in chiave eterodossa. Compatibilità che si traduceva in una tolleranza maggiore, tanto che i gruppi antroposofici potevano tenere liberamente le proprie riunioni. Dai seguaci di Steiner non erano peraltro mai sorte voci o segni di attività ostili al fascismo.

L'equilibrio durò fino all'estate del 1938, quando le prefetture ricevettero da Roma l'ordine di procedere alla rilevazione degli ebrei residenti sul rispettivo territorio. Nella provincia di Imperia ce n'erano 100 esatti, di cui 76 a Sanremo. Poche settimane dopo entrarono in vigore le leggi razziali. Parecchi antroposofi avevano origini ebraiche, soprattutto nel gruppo di Trieste.

Per Spaini era il punto di non ritorno. Una grande catastrofe di origini soprannaturali si avvicinava a passo rapido. Il 23 ottobre 1938 confidò a un informatore della polizia segreta:

Il mondo è dominato da forze democratiche. L'uomo deve conquistare la verità assoluta, ma, per venirne in possesso, bisogna, anzitutto, che sia libero. Il fascismo e l'hitlerismo sono espressioni delle forze malefiche. Ne deriverà una immane tragedia![171]

Nel 1939 gli ebrei stranieri furono espulsi dall'Italia e anche la comunità di Sanremo si disperse. Goldberg si trasferì in Svizzera, poi in Francia e negli Stati Uniti. Morì a Nizza nel 1952. Benjamin tentò di raggiungere Lisbona nel settembre 1940, ma venne fermato sul confine franco-spagnolo e si suicidò nella cittadina di Portbou.

Forze malefiche

Le cattive scelte fatte a Sanremo sulla questione tedesca nell'aprile 1920 avevano lentamente portato a maturazione i loro frutti velenosi. La Repubblica di Weimar, dove era molto forte l'influenza degli intellettuali ebrei di sinistra, si era dibattuta tra problemi monetari, occupazioni militari e obblighi impossibili da rispettare, con il risultato che l'antisemitismo latente aveva iniziato a espandersi.[172] Nel 1922 il ministro degli Esteri, Walther Rathenau, era stato ucciso in quanto ebreo. La situazione era migliorata con gli accordi di Locarno del 1925 e per un po' le tensioni tra vincitori e vinti erano apparse come superate. Ma la crisi economica del '29 aveva travolto gli sforzi per costruire uno spazio di collaborazione europea. Nel 1932 la produzione industriale tedesca si dimezzò ed esplose la disoccupazione. I paesi creditori si riunirono e decisero di cancellare il debito che gravava sulla repubblica weimariana da più di un decennio, ma ormai era tardi.

Con tutti i discorsi sulla "razza" che circolavano in quei tempi, era facile fare passare come indiscutibile l'equivalenza tra "gli ebrei" nel loro complesso e la grande finanza internazionale, ritenuta responsabile del disastro. Non importa se l'ebraismo tedesco fosse integrato nella società e rappresentato in ogni professione borghese, nel commercio come tra gli artigiani. Hitler andò al potere nel gennaio 1933 con un programma di rinascita della nazione germanica sulla base della sua forza e dalla "purezza razziale". Nel giro di poche settimane iniziò ad arianizzare la pubblica amministrazione, espellendo quasi tutti gli ebrei dai loro posti di lavoro, con grande soddisfazione dei tedeschi che vi subentrarono. Due anni dopo le leggi di Norimberga privarono della cittadinanza le persone che non avevano "sangue ariano", proibendo i matrimoni misti e perfino i rapporti sessuali "impuri". Le bionde e inesperte fanciulle tedesche potevano finalmente respirare di sollievo.

Per decenni, almeno dal periodo romantico, era circolata l'idea di entità soprannaturali plasmatrici dei singoli popoli, gli "spiriti" o gli "dei" delle nazioni. Non per questo ne erano derivate conseguenze razziste, non più di quanto fossero già presenti in tutta la cultura occidentale, intrisa dalla convinzione biologica e culturale della propria superiorità nei confronti delle genti colonizzate in Africa o in Asia. Ma la teoria poteva anche servire per dimostrare la superiorità degli ariani non solo sul piano materialistico. Il razzismo esoterico diventava così una chiave interpretativa capace di spiegare l'evoluzione e la decadenza delle civiltà. Per i nazisti, i "cattivi" erano gli ebrei, non tanto o non solo sul piano fisico, quanto su quello spirituale.

Hitler, in attesa di consolidare il potere (e prendersela anche con il cristianesimo), preferì mettere in sordina gli aspetti occultistici della sua ispirazione per concentrarsi su una struttura aperta. Il nazionalsocialismo si diede una organizzazione basata sulle tre funzioni tradizionali delle società "ariane": il partito, che deteneva la sovranità magico-giuridica della casta sacerdotale; la *Reichswehr* (Wehrmacht dopo il 1935), ovvero la funzione guerriera dell'esercito; l'*Arbeitsfront,* cioè l'organizzazione lavorativa che doveva superare la lotta di classe armonizzandola nell'organismo statale. Nel novembre 1935 venne anche sciolta e proibita la Società antroposofica tedesca, nonostante vi si contassero aderenti tra i nazionalsocialisti.

Gli uomini di Himmler si dedicarono di persona alle ricerche archeologico-esoteriche su un mitico passato in cui i popoli ariani avrebbero controllato gran parte dei territori europei, asiatici, e forse anche americani. La Società di ricerca dell'eredità ancestrale (*Ahnenerbe*) era un club esclusivo che si spostava dalla Finlandia al Tibet, passando per la Val Camonica. La religione orientale, che aveva alla base i testi sacri indiani, sembrava custodire i segreti spirituali dei "popoli ariani" che l'avevano sviluppata e diffusa con i loro spostamenti. Se i nazisti avessero potuto dimostrare scientificamente che tutti quei paesi, in passato, erano stati la sede della loro razza, avrebbero potuto conferire una base storica alla volontà di conquista.

E i sionisti? Non avevano certo bisogno di un'archeologia fantastica per rivendicare i diritti sulle terre ancestrali: la Bibbia era più che sufficiente. Uno Spirito del popolo più antico e solido di Yahweh non lo si poteva trovare in giro tanto facilmente. Forti polemiche si scatenarono nel mondo ebraico sull'atteggiamento da tenere verso il nazismo. Il movimento sionista vedeva nella persecuzione anche un'occasione per intensificare il ritorno nella regione assegnata da Dio alla sua gente. Nell'agosto 1933 l'Agenzia ebraica, cioè l'autogoverno per la Palestina, firmò con la Germania nazista l'accordo della *haavarah* ("trasferimento"), che permetteva di portare con sé i propri capitali attraverso un meccanismo di compensazione che favoriva il commercio tedesco. Come risultato, la Palestina venne inondata di merci uscite dalle fabbriche tedesche mentre gli ebrei degli Stati Uniti cercavano di boicottare i prodotti del paese di Hitler. Ci furono proteste, accuse di avere stipulato un patto con il diavolo. Fino al 1936 emigrarono circa 164 mila ebrei, provenienti soprattutto da Germania e Austria. I nazisti permisero la creazione di speciali scuole di formazione agraria per i giovani intenzionati a trasferirsi in Palestina come "pionieri". Contatti che rimasero attivi fino alla guerra.[173]

Più arrivavano ebrei, più gli altri abitanti della regione si sentivano invasi, colonizzati, maltrattati, vittime di un sopruso. Leader islamici come Amin al-Husayni, Gran Mufti di Gerusalemme e istigatore di pogrom, esprimevano appoggio all'antisemitismo hitleriano senza vedere oltre il proprio naso. Nel 1936 la protesta esplose in uno sciopero della durata di sei mesi. Gli arabi chiedevano la fine dell'immigrazione ebraica, il divieto di vendita delle terre da parte dei latifondisti e la nascita di un governo nazionale. Gli inglesi risposero con una repressione che colpì quasi solo la parte musulmana. Superata la fase più calda, le autorità mandatarie istituirono una commissione d'inchiesta guidata da William Peel, che nel 1937 si espresse per la divisione della Palestina in due entità statali separate, ebraica e araba, con ricollocamento delle rispettive popolazioni, in particolare degli arabi.[174] Questi ultimi rifiutarono la proposta, che secondo loro tradiva quanto gli inglesi avevano promesso, e ripresero la lotta. I sionisti erano divisi: Weizmann e Ben Gurion propendevano per l'accettazione, che avrebbe comunque permesso di costituire uno stato ebraico, da espandere in seguito. La destra era per il respingimento. Il XX congresso evitò di assumere una decisione definitiva, in attesa di ulteriori sviluppi. Alla fine il governo britannico affossò il parere della Commissione Peel.[175]

Avevamo visto Weizmann solcare nervosamente la lunga galleria dell'Hôtel Royal di Sanremo, in attesa di conoscere le decisioni prese nel Castello Devachan nel pomeriggio del 24 aprile 1920. Il biochimico, dopo l'accoglienza trionfale riservatagli a Londra, era stato eletto presidente della Organizzazione sionista mondiale e aveva continuato a lavorare per la realizzazione del suo fine ultimo. Weizmann aveva accettato a malincuore il Libro Bianco di Churchill, con la spartizione della Palestina mandataria e la nascita di una Transgiordania araba, chiusa all'emigrazione ebraica. Nel 1931 era stato costretto a cedere la leadership, passata a Sokolow, ma nel 1935 era tornato alla testa del movimento. Weizmann pensava a un'emigrazione selettiva, rivolta a giovani che avevano lo spirito per edificare la nuova nazione, non a commercianti e artigiani che si erano illusi sulla propria integrazione. Pare che il biochimico si riferisse alle masse ebraiche dell'Europa orientale come a dei «detriti umani».[176] Altri leader sionisti come Jabotinsky chiedevano invece di portare subito in Palestina tutti gli ebrei, compreso il ceto mercantile.

Nel novembre 1936 Weizmann venne ascoltato dalla Commissione Peel, dove dichiarò che Dio aveva promesso *Eretz Israel* al suo popolo. Le speranze di sei milioni di perseguitati erano riposte nell'emigrazione, ma occorreva fare i conti con limiti materiali che lui, come uomo di scienza, conosceva bene. Dagli abissi della tragedia si potevano salvare al massimo due milioni di giovani, robusti pionieri del futuro stato. Sulla sorte di tutti gli altri si espresse come un profeta del cupo, implacabile Yahweh:

I vecchi moriranno. Sopporteranno la loro sorte oppure no. Sono polvere, una polvere economica e morale in un mondo crudele.[177]

PROVE GENERALI DI ARMAGEDDON

Dilemmi

Hitler aveva pensato di risolvere la questione degli ebrei deportandoli in Madagascar; un piano ormai inattuabile dato che l'Inghilterra era rimasta padrona dei mari. Il 20 gennaio 1942 a Wannsee, una località vicino a Berlino, i nazisti decisero di ratificare la "soluzione finale": lo sterminio, già peraltro in atto da mesi.

Israele ha affrontato nel dopoguerra un dibattito interno molto doloroso sull'atteggiamento tenuto verso la maggiore persecuzione organizzata da un gruppo umano verso un altro. Il sionismo dei primi anni Quaranta è stato accusato di scarso interesse per il destino degli ebrei stretti nella morsa nazista. Per i suoi capi di allora, quelle persone avevano creduto di potersi integrare là dove si trovavano, rinunciando allo propria "essenza ebraica". Non avevano preso sul serio l'ammonimento di Herzl contro l'antisemitismo eterno e ne pagava le peggiori conseguenze. Proposte parlamentari inglesi di aprire agli ebrei in pericolo i territori sotto controllo britannico sarebbero state ignorate dalla dirigenza sionista, che puntava solo alla Palestina.[178] Lo scrittore israeliano Tom Segev tira così le somme nel suo controverso volume *Il settimo milione*:

L'Olocausto è stato un'innegabile sconfitta per il movimento sionista, che non è riuscito a convincere la gran parte degli ebrei del mondo a stabilirsi in Palestina quand'era ancora possibile. Benché sia indubbiamente vero che i dirigenti dello *yishuv* [la popolazione ebraica

presente sul territorio prima della creazione dello Stato di Israele]
avrebbero potuto dimostrare maggiore compassione ed empatia verso
gli ebrei d'Europa, è anche vero che non avrebbero potuto fare di più
per salvarli. Lo *yishuv* era inerme di fronte ai piani di sterminio
nazista.[179]

L'esecuzione del filosofo

Nel 1943 la Gestapo arrestò Nitti a Tolosa e lo deportò in
Austria, prima a Itter, in Tirolo, quindi a Hirschegg, nella Stiria.
Nel 1944 il prigioniero mise nero su bianco i pensieri che lo
seguivano da tutta la vita, inclusi i ricordi della conferenza di
Sanremo.

Dopo l'8 settembre la guerra era diventata per l'Italia un
dramma inestricabile. Tra attentati, rappresaglie e
rastrellamenti, gli orrori non risparmiarono nemmeno Firenze.
La villa che era stata di John Horace Savile, al numero 6 di via
del Salviatino, appollaiata tra gli ulivi e i cipressi delle colline,
sembrava però lontana da tutto, irraggiungibile anche dal Male.
Le sue finestre guardavano l'Arno serpeggiare lento attraverso la
città dove lo spirito ribelle della modernità si era risvegliato dal
sonno dogmatico della teologia medioevale.

Il suo nuovo proprietario, Tammaro De Marinis, ospitava in
quel periodo Giovanni Gentile. Il filosofo era considerato
l'ideologo del fascismo, che secondo lui rappresentava il
compimento del liberalismo risorgimentale, dove la vera libertà è
l'appartenenza a un'istituzione che affonda le radici nella storia
del popolo: l'hegeliano "stato etico", il "grande educatore degli
uomini", il "supremo moderatore del conflitto sociale". Posizione
che molti sionisti potevano condividere.

Pezzo grosso delle istituzioni accademiche nazionali, Gentile
aveva aderito alla Repubblica di Salò su invito personale di
Mussolini. Lo aveva fatto in coerenza con le idee sostenute per
tutta la vita. Non era né antisemita né, in generale, razzista, visto
che l'Impero romano aveva sempre fuso in sé popoli e costumi,
senza chiusure. Il Vaticano aveva messo all'indice le sue opere. I

fascisti più intransigenti condannavano la moderazione conciliatoria con cui cercava di aiutare anche gli antifascisti. I comunisti volevano la rivoluzione sociale prima della pace. L'antimaterialismo gentiliano coinvolgeva sia il marxismo che il modello di società in arrivo dagli Stati Uniti. Insomma era un filosofo circondato, forse senza che se ne rendesse pienamente conto.

Bruno Fanciullacci, ex garzone, inserviente d'albergo e operaio Fiat, non aveva mai letto un libro di filosofia, a parte forse qualche predigerito su Marx. Nel 1938 era stato arrestato e condannato per attività antifasciste. In carcere era entrato in contatto con l'apparato clandestino comunista. Dopo l'8 settembre il Pci aveva creato i Gruppi di azione patriottica (Gap), piccoli nuclei di partigiani che operavano prevalentemente nelle città, con compiti di sabotaggio e guerriglia. Ce n'era uno anche a Firenze, organizzato in quattro sottogruppi di quattro elementi. A Fanciullacci era affidato il comando del "B". Il sangue freddo lo aveva già dimostrato entrando nella sede del Partito fascista repubblicano di via dei Servi travestito da ufficiale per depositarvi un pacco bomba, esploso poco dopo.

Alle 13.30 del 15 aprile 1944, Fanciullacci si appostò davanti alla villa di Montalto con un altro membro del Gap fiorentino. Quando videro arrivare l'auto di Gentile si avvicinarono nascondendo le armi dietro dei libri. Il filosofo, che aveva quasi settant'anni, li scambiò per studenti e abbassò il finestrino. I capelli bianchi, ispidi e fitti, il faccione squadrato e rubizzo, la pancia incontenibile, lo rendevano più simile a un venditore di lampredotto che all'autore della *Teoria generale dello spirito come atto puro*. Fanciullacci gli sparò una raffica prima di dileguarsi con il suo compagno e i "pali" che li assistevano da lontano. L'autista, che stava aprendo il cancello della villa, fece una corsa inutile fino all'ospedale di Careggi.

Il Cln, tranne la sua componente comunista, deplorò l'assassinio: Gentile non era né una spia, né un torturatore né un gerarca o un dirigente politico, e aveva cercato di aiutare quanti più antifascisti poteva, in tutti i partiti. Le polemiche continuarono per anni e neppure adesso si possono dire sepolte del tutto, come quelle sull'attentato romano di via Rasella, sempre opera dei Gap, che innescò la rappresaglia delle Fosse Ardeatine. L'obiettivo politico-ideologico, che in quel caso era togliere di mezzo una figura autorevole come Gentile, veniva per i gruppi rivoluzionari prima di ogni altra considerazione.

Sangue nel castello

Dall'autunno 1943 anche la Liguria conobbe la caccia agli ebrei, il sequestro dei loro beni, la prigionia in un campo di concentramento e la deportazione. Dalla Riviera, fino all'estate del 1944, vennero inviati nei campi di sterminio oltre cinquanta uomini e donne. Solo pochissimi ne sarebbero tornati vivi, segnati nel corpo e nello spirito da ferite non rimarginabili. All'inizio del 1945 Sanremo si dibatteva tra bombardamenti, azioni di guerriglia da parte della Resistenza e rastrellamenti nazifascisti. Il porto e le istallazioni costiere erano fortificate contro un eventuale sbarco alleato. Un automezzo della *Propagandakompanie* girava per le strade alternando dagli altoparlanti musica da ballo e comunicati del comando tedesco.[180]
Le formazioni partigiane della zona erano ormai tutte controllate dal partito comunista, anche se nelle "Brigate Garibaldi" militavano esponenti di altri partiti, soprattutto socialisti. Il 9 febbraio 1945 si svolse un importante incontro di coordinamento tra i vertici del Cln nell'entroterra di Taggia, a pochi chilometri da Sanremo. Poco dopo i tedeschi catturarono due giovani partigiani. Non si sa se per le torture, le minacce di morte o le promesse, i prigionieri accettarono di collaborare. Il 18 febbraio i due scesero a Taggia dal tram di Sanremo insieme con un gruppo di SS.
Secondo Lanteri, diciannovenne ex proiezionista cinematografico, era venuto in città per curarsi una foruncolosi. Catturato lui, i nazisti passarono al maresciallo dell'esercito Carmelo Genova, chiamato "Radio" perché possedeva una

trasmittente per tenere i contatti tra i comandi del Cln e le unità locali. L'operazione proseguì nell'entroterra. Quella sera i soldati tedeschi della *34. Infanterie-Division*, assistiti da reparti della Marina e da unità fasciste, risalirono la valle Argentina in silenzio, armi in pugno, protetti dall'oscurità. Sapevano che una delle case più isolate era una base della Resistenza, dove convenivano i capi del movimento e ufficiali inglesi d'appoggio. Tutti i partigiani catturati in quella operazione di rastrellamento e in altre, parallele, vennero portati a Sanremo e torturati per ottenere informazioni.[181]

Alcune delle grandi dimore cittadine erano utilizzate in quei mesi come carceri: Villa Magnolie, dove era morto l'ultimo sultano; Villa Åberg, spesso storpiata in "Ober", qualche volta perfino in "Oberdan", che Calvino descriveva così:

La prigione è una grande villa d'inglesi requisita, perché nella vecchia fortezza sul porto i tedeschi hanno piazzato la contraerea. È una villa strana, in mezzo a un parco d'araucarie, che già prima forse aveva l'aria di una prigione, con molte torri e terrazze e camini che girano al vento, e inferriate che già c'erano da prima, oltre a quelle aggiunte. Adesso le stanze sono adattate a celle, strane celle con il pavimento di legno e linoleum, con grandi camini di marmo murati, con lavabi e bidè turati da stracci. Sulle torrette stanno sentinelle armate e sulle terrazze i detenuti fanno la coda per il rancio e si sparpagliano un po' per il passeggio.[182]

Anche sul Castello Devachan sventolava la svastica, la ruota solare dei monasteri buddhisti e dei templi dell'induismo, il simbolo che collega il divenire del mondo al suo centro perenne. Le SS vi avevano insediato il comando della Gestapo e del servizio di controspionaggio. Li comandava un maresciallo bavarese di nome Josef Reiter, che aveva ai suoi ordini di pochi elementi scelti con cura. Il nucleo era responsabile per le questioni politiche, gli ebrei, la repressione antipartigiana. I rastrellamenti li eseguivano i reparti della Wehrmacht e i fascisti. Gli interrogatori erano condotti dalla *Sicherheitspolizei*, il quadro più importante dell'élite nazionalsocialista, un organo di intelligence, un'aristocrazia politico-religiosa e una società di assassini.[183] Per quei fanatici, i simboli religiosi orientali in cui si imbattevano tra la casa e il suo parco dovevano essere come suppellettili lasciate in eredità da un vecchio zio che non si era mai reso conto fino in fondo della loro portata.

Poche le notizie su Reiter che riusciamo a mettere insieme, tutte elusive. Nato a Monaco di Baviera nel 1909, lavorava come autista nel nord della Germania, a Bremerhaven, quando, nel luglio 1939, era entrato come volontario nella polizia di frontiera, cioè il dipartimento F della Gestapo. Fino all'estate 1943 controllava i passaporti al Brennero. Dopo la caduta di Mussolini era stato inviato in Italia assieme a qualche dozzina di uomini con le uniformi e i distintivi della divisione corazzata *SS Leibstandarte Adolf Hitler*. Svolti "compiti esplorativi" piuttosto oscuri nel periodo del putsch di Badoglio, Reiter era tornato a Bolzano, accolto nel gruppo di Karl Wolff, il comandante supremo delle SS in Italia. Nell'ottobre 1943 era a Genova, da dove, nel marzo seguente, andava a dirigere la sezione di Imperia, con comando fissato a Sanremo nell'ottobre 1944. Secondo la sua versione, su cui nutriamo seri dubbi, non aveva preso parte alla deportazione degli ebrei e, salvo qualche caso specifico, non si era mai occupato dei "nemici di razza" degli ariani. La sua specialità sarebbe stata la lotta contro il sabotaggio e le bande armate dei partigiani.[184]

Il 4 marzo 1945 gli alleati bombardarono Ospedaletti e la zona occidentale di Sanremo, colpendo l'Hotel Miramare, dove alloggiavano molti tedeschi. Il pomeriggio seguente due cacciabombardieri eseguirono una breve incursione che divelse i binari della ferrovia e centrò in pieno la chiesa inglese.[185] Quel giorno si decise la sorte dei partigiani trasferiti da Villa Åberg al Devachan. Secondo le fonti fasciste il tribunale competente emesse una sentenza «come rappresaglia per l'uccisione di due soldati tedeschi e otto italiani avvenuta presso Carmo nel febbraio».

Nella notte tirarono fuori dal castello grigio sul Berigo sedici uomini e li allinearono nel parco. Ai quattordici da giustiziare, i

nazisti aggiunsero con cinico senso di equità anche le due spie.[186]
La mattina seguente caricarono i loro corpi su un furgone della
nettezza urbana e li gettarono alla rinfusa in una fossa comune
del cimitero di Valle Armea. Poi i tedeschi o i fascisti lanciarono
a Taggia, da una macchina in corsa, un volantino che notificava
l'avvenuta esecuzione. Il Cln rispose il 9 marzo con un altro
manifesto:

Carnefici del nostro popolo!
Uccidete ma tremate!
I vostri crimini avranno presto termine e la spada della giustizia calerà
su voi tutti. [...]
Tremino tutti i criminali di Villa Ober, del Castello Devachan e di altri
marchi che han fatto dei carnai. E tremino tutti coloro che
direttamente o indirettamente hanno reso possibili gli eccidi commessi
nelle nostre valli, sulle nostre montagne, nelle nostre città...[187]

MARE, CANZONI E GIOCO PER TUTTI

Albergo con campeggio

Dopo un 25 aprile 1945 costellato da festeggiamenti, vendette e saccheggi, gli arredi del castello si dispersero per sempre, inclusi gli ultimi pezzi sopravvissuti dai tempi di John Horace. Una ragazza che aveva preso lezioni di musica da Madame Efremova riconobbe a casa di un funzionario della questura un orologio a pendolo che aveva visto nel Devachan. Sarà stato quello dell'Apocalisse?

Molti membri della comunità russa erano già tornati al creatore e i superstiti avevano esaurito da tempo i gioielli salvati dalla rivoluzione. Nel 1952 si rese vacante il ruolo di capo degli esiliati e Marija Efremova, che andava verso la settantina, subentrò come *starosta*. Nel 1958 vendette il castello, ritirandosi nella foresteria con un po' di servitù.[188] Era la guida spirituale di un mondo sempre più piccolo, che viveva nel ricordo di un altro mondo. Qualche russo faceva l'autista, il croupier, o gestiva pensioni per il nuovo genere di turisti. Arrivavano estranei, probabili agenti del Kgb come "zio Vasilij", che aprì una delle prime pizzerie di Sanremo, di fronte alla chiesa russa. Nel 1971 Marija Efremova raccontò a un giornalista che il comune avrebbe voluto trasformare quel tempio di Dio con le cupole cipolline in un teatro o in una sala da concerti, ma loro, aiutati da un armatore genovese di origini russe, erano riusciti a salvarla. Parlava ancora meglio il francese dell'italiano: «Abbiamo poco prete – disse –. Così, non più di due tre messe al mese. Sempre cantate e i cantanti costano. Il pope viene apposta da Nizza e dobbiamo pagargli almeno il viaggio...».[189]

I nuovi proprietari del Castello Devachan, i coniugi Luigi Balliano e Henriette Bal, intendevano trasformarlo in un albergo e in un camping (non in un tempio di Baal). Ignoriamo se qualcuno abbia mai piantato i picchetti delle tendine canadesi nel parco dove Lord Mexborough annusava le sue rose e i nazisti fucilavano i partigiani, anche perché nel 1958 risulta già una sentenza di fallimento nei loro confronti.[190]

Gestito da quei due o da altri, l'Hotel Castello Devachan riuscì in qualche modo a decollare. In una cartolina e in una serie di fotografie vediamo il salone della conferenza trasformato in hall alberghiera. Un divano chiaro, scelto con cura a forma di mezzaluna, è rivolto verso la finestra sotto cui si erano decise le sorti dei popoli orientali. Il bar appare decisamente fornito. I letti – anche sette per stanza – si perdono in ambienti giganteschi, dai muri troppo bianchi e troppo nudi.

La grande ruspa democratica

Tutti questi nuovi fabbricati che tiravano su, casamenti cittadini di sei otto piani, a biancheggiare massicci come barriere di rincalzo al franante digradare della costa, affacciando più finestre e balconi che potevano verso mare. La febbre del cemento s'era impadronita della Riviera: là vedevi il palazzo già abitato, con le cassette dei gerani tutte uguali ai balconi, qua il caseggiato appena finito, coi vetri segnati da serpenti di gesso, che attendeva le famigliole lombarde smaniose dei bagni; più in là ancora un castello d'impalcature e, sotto, la betoniera che gira e il cartello dell'agenzia per l'acquisto dei locali...[191]

Fino agli anni Cinquanta, Sanremo sembrava una foresta subtropicale disseminata di templi eclettici. Poi caddero gli alberi dai nomi rari. Anche Italo Calvino vendette parte del parco di Villa Meridiana, dove sorse un palazzo. Tonnellate di cemento trasformarono Villa Åberg nel condominio Aoberg, via Galilei 11. L'impero dell'informe cresceva di giorno in giorno, sostituendosi ai sogni delle caste elevate, ai giardini con le palme, le boungaville, i rami pieni di mango e di prugne.

Il casinò era stato riaperto sotto una nuova gestione, attenta agli equilibri di potere del dopoguerra. Nei primi tempi non era raro sentire voci gridare con irritazione al croupier: «*E parla italian, pirla, sa l'è 'sto manque e passe?*». Poi i provinciali più buzzurri, arricchiti grazie al mercato nero, lasciarono il posto al pubblico borghese del boom economico, opulento e dissoluto come quello di sempre. Il legame della casa da gioco con i servizi segreti rimase stabile, innestandosi sul ruolo svolto dalla mafia come forza mediatrice dei traffici destinati a finanziare le trame occulte della guerra fredda. Nel 1951, nel salone delle feste del casinò, nacque il Festival della canzone italiana, che contribuirà in modo non trascurabile a orientare i costumi delle masse verso i modelli edonistici, consumistici e disinibiti più adatti in quel momento all'espansione del capitale e della sua ideologia.[192]

Stretto tra i marxisti e i cattolici entrati nella politica, l'esoterismo che aveva occupato tanto spazio nella cultura della prima metà del secolo finì apparentemente ai margini. Spaini, che aveva portato lo spirito antroposofico nei saloni del casinò, si torturava nella convinzione che ci fossero rimaste solo due alternative: il terzo conflitto mondiale o la rivoluzione comunista. Realizzare i progetti sociali di Steiner era diventato impossibile; si poteva solo scegliere tra il «dolore inutile» di una guerra che avrebbe «consolidato il capitalismo e la Chiesa», e il «dolore utile» della rivoluzione, che avrebbe abbattuto queste barriere portando, nel lungo periodo, a realizzare la «soluzione cristiana del problema sociale». Quando il dilemma assunse la forma di un possibile conflitto nucleare combattuto con devastanti ordigni all'idrogeno, Spaini si trasformò in un profeta della fine del mondo e del ritorno sulla terra di Rudolf Steiner.

Il Castello Devachan era stato venduto nel momento di maggiore pericolo per la sua incolumità architettonica, l'anno dopo l'uscita de *La speculazione edilizia*. Nel 1974, appena defunta Marija Efremova, sul terreno del parco sorsero diverse palazzine residenziali. All'inizio degli anni Ottanta la Immobiliare

Capodichino sventrò la casa per ricavarne una ventina di appartamenti da vendere uno per uno: vista mare, giardino e piscina. Qualche anno dopo la sovrintendenza ai Beni architettonici, storici e monumentali scoprì che non si sarebbe potuta spostare neanche una pietra per via di un vincolo del 1934. L'ispettore venuto a Sanremo ripartì per Genova minacciando che «si sarebbe fatto sentire presto».[193]

Non tornò più. In compenso, adesso che il paradiso era scomparso o si era drasticamente rimpicciolito, ne saltava fuori il serpente vero. Una mattina, un impiegato della Fiat che stava passando da quelle parti sentì un lungo sibilo. Era quello di un rettile che aveva trovato riparo sotto una pianta di fagioli. Lo studiò bene, tenendolo a distanza con una canna. Si trattava proprio di una vipera. La uccise a bastonate, senza preoccuparsi se fosse la reincarnazione di Lloyd George, di Nitti o di Millerand.[194]

I MAESTRI DEL GIUDIZIO UNIVERSALE

La vittoria del sionismo

Dopo lo scoppio della seconda guerra mondiale si erano sentite anche nel Congresso americano le denunce sul "complotto anglo-ebraico" per impadronirsi del mondo. Tra gli esempi di infiltrazione veniva indicato il sesto conte di Mexborough, «figlio di un Raphael. Quello precedente era il fratellastro, buddhista».[195] L'equivoco "arcangelico" armeno-ebraico continuava ad aleggiare.

Per fortuna i filonazisti rimasero una minoranza. Ben Gurion si rese conto che l'egemonia mondiale avrebbe presto cambiato collocazione e si recò negli Usa per ottenere il sostegno della sua comunità. Nel 1942, la conferenza del movimento sionista americano tenuta all'Hotel Biltmore di New York approvò una piattaforma programmatica per il superamento delle riserve britanniche alla nascita dello stato ebraico.

Hitler riteneva di assolvere un mandato soprannaturale, di avere un karma protettore nei confronti dell'attentato che avrebbe dovuto toglierlo di mezzo nell'estate del 1944. Ma forse non era quello che credeva lui. Tra tutti gli stermini praticati da gruppi umani contro altri gruppi umani, nessuno era mai stato così crudele, cinico, sistematico, in una sola parola diabolico come quello perpetrato nei lager nazisti. Il sionismo, rimasto per decenni un movimento minoritario rispetto all'assimilazionismo, ricevette l'eredità morale della Shoah, ottenendo l'appoggio dell'opinione pubblica mondiale.

Un incontro tra il presidente americano Henry Truman e Chaim Weizmann, che età e malattia non avevano privato di carisma, spostò definitivamente la bilancia verso l'ideale israeliano. Anche Stalin sperava di esercitare un'influenza sulle componenti socialiste del movimento. Trovato il consenso delle due superpotenze, l'assemblea dell'Onu il 29 novembre 1947 decise a maggioranza. La risoluzione n. 181 prevedeva la nascita in Palestina di uno stato ebraico e di uno stato arabo, secondo il modello già delineato dalla Commissione Peel prima del conflitto mondiale. Il 56,4 per cento del paese, inclusa la maggior parte delle aree costiere, sarebbe andato agli ebrei, cioè al 33 percento della popolazione totale, immigrata per lo più negli ultimi anni e destinata ad aumentare. Gerusalemme era posta sotto amministrazione della comunità internazionale.

I britannici si astennero, bersagliati dagli attacchi terroristici dei gruppi paramilitari sionisti e consapevoli che il loro impero era arrivato al capolinea. Gli arabi pronunciarono un chiaro no. Neppure per i sionisti la risoluzione rappresentava il risultato ideale, ma almeno dava loro una forma di legittimità e faceva passare gli altri per "quelli che non ci stanno". Se poi gli arabi fossero scesi in guerra, come probabile, il popolo ebraico si sarebbe trovato davanti il momento della verità, la prova suprema, quella che gli armeni avevano fallito quando era stato il loro turno. Per una forza politica nata in un casinò mezzo secolo prima si trattava di un rischio calcolato in vista di una posta immensa.

In Palestina, da entrambe le parti, si scatenarono subito violenze, che toccarono il loro culmine il 9 aprile 1948 con il massacro di Deir Yassin, un villaggio arabo vicino a Gerusalemme, dove i sionisti dell'Irgun e della "banda Stern" uccisero almeno un centinaio di civili. Il 14 maggio Israele proclamò la propria nascita come stato. Gli Usa lo riconobbero immediatamente, seguiti dall'URSS. Nella dichiarazione d'indipendenza si leggeva:

Lo stato d'Israele sarà aperto all'immigrazione ebraica e alla riunione delle diaspore; incrementerà lo sviluppo del paese per il bene di tutti i suoi abitanti; sarà fondato sulla libertà, sulla giustizia e sulla pace, secondo la visione dei profeti d'Israele; assicurerà completa uguaglianza di diritti sociali e politici a tutti i suoi abitanti, senza distinzione di religione, razza o sesso; garantirà libertà di religione, di coscienza, di lingua, di istruzione e di cultura; preserverà i luoghi santi di tutte le religioni e sarà fedele ai principi della Carta delle Nazioni Unite.

Si trattava di un compromesso tra il principio democratico di stampo illuminista e quello romantico dello stato-nazione, formulato in modo da includere per tutti i diritti religiosi, sociali *e politici*, come se da qualche parte fosse presente la consapevolezza delle riserve avanzate da Millerand ai tempi di Sanremo.

Il giorno dopo i britannici terminarono il loro mandato. Gli eserciti di Egitto, Siria, Transgiordania, Libano e Iraq mossero all'attacco dichiarando l'intenzione di creare in Palestina un unico stato federato, con due governi. L'Onu incaricò il diplomatico svedese Folke Bernadotte di mediare per la pace insieme all'afroamericano Ralph Bunche. In giugno i due riuscirono a concordare una tregua di poche settimane. Gli israeliani ne approfittarono per riorganizzarsi e passare all'offensiva. Bernadotte, che cercava sempre un accordo, tornò a Gerusalemme, dove il 17 settembre fu ucciso in un agguato dalla "banda Stern". Alla fine di dicembre le truppe di Tel Aviv dilagarono nel Nagev e penetrarono nel Sinai, circondando l'esercito egiziano nella striscia di Gaza. Il Cairo accettò un cessate il fuoco.

Le trattative di pace iniziarono poco dopo a Rodi, ex possedimento italiano passato alla Grecia. I lavori si tennero nel Grand Hotel delle Rose, un albergo-casinò gestito fino a pochi anni prima dalla stessa società di Sanremo, dove l'antrosofo Spaini era venuto diverse volte per motivi professionali. Il confronto tra le parti fu molto duro, drammatico, ma diretto. Tutti vivevano sotto lo stesso tetto, mangiavano allo stesso tavolo e socializzavano negli spazi comuni.[196] I confini proposti per l'armistizio venivano tracciati sulla mappa con una matita verde. Gli israeliani avevano dalla loro parte la vittoria militare, il sostegno del presidente americano Harry Truman e l'appoggio del laburista norvegese Trygve Lie, segretario generale delle Nazioni Unite. Agli egiziani restavano pochi spazi di manovra. La loro delegazione abbandonò i lavori per andare al Cairo a consultarsi con il governo. Il 23 febbraio 1949 tornò nell'isola e accettò la "linea verde", termine che sarà poi esteso ai confini con altri stati arabi. Il giorno dopo fu firmato l'armistizio. Entro luglio si chiusero anche le trattative con il Libano, la Transgiordania e la Siria. L'Iraq si adeguò agli accordi israelo-giordani.

Tutto era cominciato (o ricominciato) nel Kursaal di Basilea con il primo congresso sionista, tra il 29 e il 31 agosto 1897. Il giorno dopo Theodor Herzl annotava nel suo diario: «A Basilea è stato fondato lo stato ebraico. Se oggi lo dicessi a voce alta, mi risponderebbero con una risata generale. Però, forse tra cinque anni, o comunque entro cinquanta, tutti lo vedranno».[197] Nel 1939 la voce di Joseph Goebbels, ministro della Propaganda del Reich, scandiva il suo programma nel salone di un altro casinò, quello del Grande albergo delle Rose: «Si rimprovera alla Germania di tentare l'esportazione dell'antisemitismo. Ciò non risponde alla verità. La Germania ha il solo scopo di esportare gli ebrei».[198]

Nello stesso salone dello stesso albergo, sotto un murale che raffigura il giardino dell'Eden, dieci anni dopo il delegato egiziano appose la sua firma sul foglio che chiudeva la prima guerra di indipendenza israeliana. Chaim Weizmann, per il poco che gli restava da vivere, diventò il primo presidente del nuovo stato. Un'impresa per cui ci sarebbe voluto un Dio era stata realizzata da uomini come lui, Ben Gurion e Jabotinsky.

2000 Christian Apocalyptic Thriller

Gli accordi di Rodi tracciarono i confini israeliani fino alla guerra dei Sei giorni. Israele si ingrandì di fatto fino a includere il 78 per cento del mandato palestinese. Per la comunità araba regionale era la *nakba*, "la catastrofe": gli abitanti del 1947 si ridussero a 150 mila, gli altri fuggirono o vennero scacciati, riparando come profughi in Libano, Siria, nella striscia di Gaza occupata dall'Egitto e nella Cisgiordania annessa con Gerusalemme est alla Transgiordania, che diventava così il Regno di Giordania.[199] Al loro posto affluirono gli ebrei. La "legge del ritorno" del 1950, che permetteva a ogni ebreo di acquisire la cittadinanza israeliana, trasformò sempre più nettamente la composizione etnico-religiosa della Palestina, immettendovi non soltanto i sopravvissuti europei della Shoah, ma anche yemeniti e iracheni. Un afflusso imponente e difficile da gestire nelle condizioni economiche di quel periodo. L'appartenenza al popolo ebraico e, quindi, allo stato-nazione di Israele, era determinata sulla base della religione e della stirpe, per quanto laici fossero il movimento sionista e le istituzioni israeliane. L'uguaglianza giuridica prevista per tutti gli abitanti rimase fortemente limitata dal regime militare cui vennero sottoposti gli arabi fino al 1966. Alla minoranza musulmana toccò, in pratica, un ruolo marginale.

Non è certo questa la sede per esaminare in dettaglio le statistiche demografiche, per approfondire la vicenda dei profughi palestinesi o per squadernare le pagine dei conflitti arabo-israeliani. Procediamo solo per accenni, utili a seguire il discorso generale. Il conflitto si riaccese nel 1956 con la campagna del Sinai, scatenata dal proposito egiziano di nazionalizzare il canale di Suez. Ma per il "disegno divino" che stiamo descrivendo, la svolta arrivò nel 1967, con la guerra dei Sei Giorni, un attacco israeliano armato preventivo contro i paesi arabi. La vittoriosa *Blitzkrieg*, conclusa nello stesso tempo impiegato da Dio per creare il mondo, mise una pietra tombale sopra i sogni residui del panarabismo e sull'idea di liberare militarmente la Palestina. Israele incamerò la penisola del Sinai, la striscia di Gaza, le alture del Golan e la Cisgiordania, sede di molti luoghi santi dell'ebraismo come la tomba dei patriarchi, dove secondo la tradizione sarebbe sepolto Abramo. I paracadutisti israeliani lanciati su Gerusalemme raggiunsero il

Kotel, il cosiddetto Muro del Pianto, residuo del secondo tempio, su cui gli ebrei pregavano da duemila anni per il ritorno nella "terra promessa", la costruzione del terzo tempio e l'arrivo del Messia.

La canzone che, all'inizio di queste pagine, abbiamo visto interpretare da Chen Reiss nel teatro del casinò di Sanremo, era stata scritta da Naomi Shamer per un festival di musica tenutosi il 15 maggio 1967 in occasione dello Yom Ha'atzmaut, Giorno dell'Indipendenza. Melodia struggente e parole ispirate che descrivevano una Gerusalemme tagliata in due dal "confine urbano", il muro che separava la Giordania da Israele. Un successo di pubblico immediato, che con la guerra scoppiata tre settimane dopo si trasformò in un canto di battaglia. Sentendo i paracadutisti intonarla sotto il Muro del Pianto, Naomi Shamer aggiunse a *Gerusalemme d'oro* una strofa che descriveva la nuova condizione della città:

Siamo ritornati alle cisterne d'acqua, al mercato e alla piazza,
uno *shofar*[200] risuona sul Monte del Tempio, nella Città Vecchia.
e nelle grotte scavate nella roccia splendono mille soli:
torneremo a scendere verso il Mar Morto, sulla strada di Gerico.

Fino a quel momento l'ideologia israeliana portante era stato il socialismo del Mapai, il partito di Ben Gurion. L'ultranazionalismo revisionista degli eredi di Jabotinsky era rimasto ai margini, mentre le posizioni conciliatorie di Hannah Arendt e Martin Buber non avevano avuto mai un peso rilevante. Una ideologia alternativa come il "sionismo religioso" era sempre rimasto confinata su un piano astratto, ideale. Di cosa si trattava?

Già il rabbino capo a Gerusalemme tra le due guerre, Abraham Kook, era convinto che il movimento per la rinascita di Israele, per quanto laico, possedesse un carattere sacro; che la sua esistenza fosse segno di un'imminente redenzione; che i sionisti, perfino quelli atei, fossero agenti in un piano celeste. Era stato poi suo figlio Zvi Yehuda Kook a portare avanti la trasformazione di un messianismo passivo, di pura attesa dell'intervento divino, in un messianismo attivo, di collaborazione umana al disegno che aveva assegnato agli ebrei l'intera Palestina. La visione volontaristica di Herzl e quella tradizionale si saldavano così in chiave nazionalista-religiosa: «Questa terra è nostra, non ci sono territori arabi o terre arabe, ma soltanto territori israeliani – la terra eterna dei nostri progenitori, che appartiene nelle sue frontiere bibliche al governo di Israele».[201]

La clamorosa vittoria nella guerra combattuta tra il 5 e il 10 giugno 1967 scatenò da parte ebraica un'ondata di entusiasmo mistico, come se si stessero realizzando le profezie legate alla fine dei tempi. Il sionismo religioso balzò di prepotenza in primo piano. Il rabbino capo dell'esercito, Shlomo Goren, entrando nella Città Vecchia, si espresse con l'enfasi del profeta: «Lo spirito di Dio, che non ha mai lasciato il Muro Occidentale, cammina adesso di fronte all'esercito israeliano su una colonna di fuoco per illuminarci la strada verso la vittoria». Quando la comunità internazionale condannò l'occupazione dei territori, Zvi Yehuda Kook ribadì che la loro conquista era frutto della volontà divina e che sarebbe stato un crimine restituire la terra.

Il sionismo laico di Herzl, Weizmann, Jabotinsky e Ben Gurion aveva creato Israele; la guerra dei Sei Giorni aveva conferito a quello religioso la possibilità di intestarsi "l'opera di redenzione". Gli insediamenti ebraici si moltiplicarono su tutta *Eretz Israel,* con la collaborazione dei governi socialisti. Le diverse anime del movimento finivano per convergere sostanzialmente verso un unico obiettivo. *Gerusalemme d'oro* diventò sempre più popolare, quasi un secondo inno nazionale. Solo poche voci critiche, come quella del filosofo Yeshayahu Leibowitz, ammonivano che l'idea di un luogo specifico dotato di intrinseca santità rappresentava una forma di pura idolatria.

Nel 1964 era nata l'Organizzazione per la liberazione della Palestina, voluta dalla Lega araba come rappresentante ufficiale del popolo palestinese. La disfatta del 1967 portò alla testa dell'Olp Yasser Arafat, che affermava il diritto di ricorrere alla guerriglia armata. Nel settembre 1970 la tensione internazionale generata dalle incursioni terroristiche provocò l'espulsione dalla Giordania dei gruppi palestinesi, che si stabilirono a Damasco e Beirut per proseguire le operazioni contro i militari e gli attacchi ai civili. Una cellula che, in relazione agli eventi giordani, assunse il nome di "Settembre nero", rapì e uccise 11 atleti israeliani durante le Olimpiadi di Monaco del 1972.

Nel 1973 gli stati arabi entrarono nuovamente in azione: Egitto e Siria effettuarono una manovra a tenaglia dal Sinai e dalle alture del Golan, mentre i paesi produttori di petrolio associati all'Opec raddoppiarono il prezzo del greggio, provocando in Occidente una grave crisi energetica. La guerra dello Yom Kippur, dopo la sorpresa e un iniziale sbandamento dell'esercito israeliano, si concluse senza un sostanziale vincitore. L'Onu si interpose con le risoluzioni n. 338 e 339, che ribadivano le proposte di pace formulate in precedenza.

Due anni più tardi, sulla scia dei processi di decolonizzazione e di lotta all'imperialismo statunitense, il consenso internazionale verso Israele toccò il suo punto più basso. La risoluzione Onu n. 3379, approvata il 10 novembre 1975, definiva il sionismo come «una forma di razzismo e discriminazione». L'ambasciatore israeliano Chaim Herzog salì sul podio e ne stracciò platealmente il testo dicendo: «Per noi, popolo ebraico, questa risoluzione è fondata sull'odio, sulla falsità e sull'arroganza ed è priva di qualunque valore morale o legale. Per noi, popolo ebraico, questo non è altro che un pezzo di carta e come tale noi lo tratteremo».

La sinistra socialista dominava ancora la scena politica israeliana. Il revisionismo nazionalista erede di Jabotinsky era cresciuto un po' negli anni Cinquanta, capitalizzando il dissenso per gli accordi con la Germania e le polemiche intorno all'atteggiamento tenuto dai dirigenti del Mapai durante lo sterminio nazista. La guerra del 1967 aveva sdoganato Menachem Begin, ex leader della formazione paramilitare-terroristica Irgun, entrato come ministro senza portafogli in un governo di unità nazionale. Nel 1973, dalla fusione del partito revisionista Gahal con altre formazioni, nasceva il Likud. Lo spirito jabotinskiano tornava vitale. Nel 1977 il nuovo partito vinse a sorpresa le elezioni politiche e Begin diventò primo ministro. Finiva il ciclo laburista e iniziava quello della destra; una fase politica caratterizzata da parentesi, scissioni e ricompattamenti, aperture di pace e spinte ultraradicali, insediamenti coloniali e ritiri tattici, laicismo e alleanze messianiche con il sionismo religioso.

Bollato come paese razzista, Israele cercava di riguadagnare consensi, piegandosi a concessioni. Nel 1978 Begin firmò con il presidente egiziano Anwar al-Sadat il trattato di Camp David, che prevedeva il ritiro israeliano dal Sinai in cambio del riconoscimento da parte dell'Egitto. L'ex terrorista dell'Irgun, l'uomo che nel 1946 aveva organizzato la strage del King David Hotel, ricevette il Nobel per la Pace.

Fino a quel periodo buona parte del mondo aveva conosciuto un periodo di prevalenza, almeno relativa, dei valori socialisti. Stava però prendendo forma la riscossa neoliberale, l'attacco che avrebbe affondato i suoi colpi nel decennio successivo, fino alla caduta del Muro di Berlino. Le organizzazioni ebraiche americane, *liberal* per tradizione, iniziarono a comprendere che un'alleanza con i sionisti cristiani del paese, legati alla destra, avrebbe rafforzato la posizione di Israele.

Nel 1979 il pastore battista Jerry Lamon Falwell fondò il movimento Moral Majority, punto di riferimento delle congregazioni evangeliche più fondamentaliste. Falwell si batteva contro la teoria darwiniana, l'aborto, l'omosessualità, il femminismo e tutte quelle cose lì. Le sue chiese, che punteggiavano le strade americane di insegne al neon e slogan religiosi, iniziarono ad appoggiare politicamente i candidati del partito repubblicano, contribuendo in misura determinante all'elezione presidenziale di Ronald Reagan nel 1980. Falwell, ospite fisso in milioni di case come predicatore televisivo, la commentò così: «Credo fermamente che Dio abbia benedetto l'America perché l'America ha benedetto gli ebrei. Se questa nazione vuole che i suoi campi rimangano carichi di grano, i suoi risultati scientifici restino fondamentali e la sua libertà non venga toccata, l'America deve continuare a stare con Israele».[202]

Anche gli Stati Uniti si erano attribuiti un "destino manifesto" a sfondo religioso, una missione che li aveva fatti espandere sul continente assegnato loro dalla Provvidenza, senza remore per i nativi che vi si opponevano. Reagan da parte sua abbracciò la teologia dispensazionalista, convincendosi che una delle sue responsabilità fosse quella di preparare l'America per la battaglia di Armageddon, lo scontro apocalittico che avrebbe già potuto scatenarsi durante il suo mandato presidenziale.[203]

Nel frattempo iniziava a diffondersi sempre più la tesi del "rapimento", cioè la convinzione che, prima della seconda venuta del Messia, Dio avrebbe rimosso dalla terra tutti i suoi veri credenti. I seguaci di Yahweh, che comprendono i cristiani evangelici e il popolo d'Israele, svaniranno in un istante e ascenderanno in cielo, mentre tutti gli altri saranno "lasciati indietro", in questa valle di lacrime.

La destra religiosa americana si rivelò più sionista degli ebrei. Alla metà degli anni Ottanta, quando un terzo degli israeliani sembrava favorevole al ritorno della Cisgiordania ai palestinesi in cambio della pace, l'ambasciata cristiana internazionale di Gerusalemme replicò con rabbia: «Non ci interessa ciò che pensano gli israeliani! Ci interessa ciò che dice Dio, e Dio ha dato quella terra agli ebrei!»[204] L'alleanza auspicata da Disraeli tra ebrei e inglesi in *Coningsby* si era alla fine concretizzata pienamente sull'altra sponda dell'Atlantico.

Nel 1987 scoppiò a Gaza e in Cisgiordania l'Intifada (dall'arabo "scrollarsi di dosso"), che per quasi sei anni vide la popolazione palestinese impegnata in una massiccia campagna di scioperi, agitazioni, manifestazioni e attacchi all'esercito israeliano. Dalla rivolta nacque Hamas, l'organizzazione che avrebbe compiuto il maggior numero di azioni terroristiche contro Israele.

Falwell sciolse la Moral Majority nel 1989, ma i cristiani conservatori continuarono a fornire supporto politico e finanziario alle cause sioniste, come il trasferimento di ebrei dell'Unione Sovietica e dell'Etiopia. Intanto, nel 1991, andarono in porto gli sforzi per l'abrogazione della risoluzione n. 3379.

Con la fine della guerra fredda, l'implosione dell'Urss e il dissolvimento di molti partiti comunisti, il sionismo cessava di essere considerato una forma di razzismo.

Il 13 settembre 1993 la mediazione del presidente americano Bill Clinton portò a Oslo il primo ministro israeliano, il laburista Yitzhak Rabin, e il leader della Organizzazione per la liberazione della Palestina, Yasser Arafat. Gli accordi prevedevano il ritiro dell'esercito israeliano da buona parte dei territori occupati e un grado di autogoverno per Cisgiordania e Gaza sotto un'entità politica denominata Autorità nazionale palestinese, riconosciuta dall'Onu. Poche settimane dopo un colono ebreo uccise Rabin a Tel Aviv.

Nel 1995 Benjamin Netanyahu, parlando come leader dell'opposizione a una platea di evangelici venuti a Gerusalemme, riconobbe che la nascita di Israele «semplicemente non avrebbe avuto luogo senza il sostegno e gli incessanti sforzi dei cristiani sionisti durante l'ultimo secolo e in questo».[205] Il nuovo leader del Likud aveva vissuto a lungo negli Stati Uniti e conosceva bene il mondo americano, sia quello religioso che quello politico. Sapeva anche come manovrarlo, contando sul fatto che l'80 percento dei cittadini USA erano fortemente filoisraeliani.[206]

Nel 1996 tornò al governo la destra del Likud, con Netanyahu come primo ministro. Il più giovane, il primo nato in Israele. Nel suo programma elettorale per "una pace sicura" accusava i paesi arabi e ai palestinesi di volere distruggere il paese, sottolineando il perdurante antisemitismo diffuso in tutto il mondo.[207] Netanyahu, rimasto premier fino al 1999, promosse in modo massiccio la costruzione di nuovi insediamenti ebraici in Cisgiordania, soprattutto intorno a Gerusalemme, e limitò al massimo il ritiro israeliano dai confini del 1967, ponendo continui ostacoli al processo di pace. In questa situazione l'Autorità nazionale palestinese perse molti consensi, che si spostarono verso gruppi estremisti di impronta islamica, come Hamas. Il dialogo promosso da Clinton riprese solo nel 1999, quando al Likud di Netanyahu subentrarono i laburisti. Nel luglio 2000 si tenne a Camp David un vertice tra Ehud Barak e Yasser Arafat, senza però che le due parti trovassero un accordo.

In quegli anni cominciarono a uscire i romanzi scritti da Tim LaHaye e Jerry B. Jenkins. Basati sulle profezie bibliche, vendettero milioni di copie, tanto che nel 2000 Hollywood decise di portarli sullo schermo cinematografico. *Left Behind: The Movie*, racconta le avventure di uomini e donne lasciati sulla terra dopo il "rapimento della chiesa" e prima dell'inizio della "grande tribolazione". I credenti più attivi sono già in paradiso, mentre il politico rumeno Nicolae Carpathia, ex segretario generale dell'Onu, ha formato un governo mondiale, la Global Community. Carpathia, che poi è l'Anticristo in persona, oltre a vantare una discendenza da qualche imperatore romano persecutore degli ebrei, è il prodotto di un'operazione di ingegneria genetica intrapreso da un gruppo di luciferiani che vedono nella scienza il nuovo Paraclito. Il leader superglobalista lotta contro la Tribulation Force, un gruppo di "lasciati indietro" che sono diventati credenti solo dopo il rapimento, in ritardo per il primo appuntamento con Dio.

La destra israeliana non sarebbe rimasta a lungo lontana dal governo dopo la sconfitta del 1999. Il nuovo leader del Likud, Ariel Sharon, inaugurò il nuovo millennio con una visita provocatoria a uno dei luoghi di Gerusalemme considerato sacro sia dai musulmani che dagli ebrei: la Spianata delle Moschee, da cui Maometto sarebbe asceso al cielo su un cavallo alato dalla testa umana. La mossa di Sharon scatenò la Seconda Intifada, con rivolte e attentati terroristici che rimisero al centro le paure e il bisogno di sicurezza degli israeliani. Sharon vinse così facilmente le elezioni del marzo del 2001 e procedette a numerose operazioni militari contro la popolazione palestinese sia nella striscia di Gaza che in Cisgiordania.

Gli attentati dell'11 settembre 2001 (una punizione divina secondo Falwell) riportarono nel mondo il dualismo venuto meno con la crisi del comunismo. Stavolta la parte del cattivo la faceva l'islam nel suo complesso, come religione. Le paure israeliane diventavano paure mondiali, e per la causa palestinese non era certo un punto a favore. Poche settimane dopo, il "cristiano rinato" George W. Bush portò gli Stati Uniti in Afghanistan per rimuovere i talebani che offrivano rifugio ai terroristi. L'impero del Bene scendeva in campo contro le forze del Male, mentre Hollywood rilasciava la seconda puntata della saga apocalittica *Left Behind*. Nel 2003 partì l'attacco contro l'Iraq laico di Saddam Hussein, accusato falsamente di possedere armi di distruzioni di massa e di fornire appoggio agli islamisti.

Nell'aprile 2004, a Bruxelles, il giornalista finlandese Tomas Sandell dava vita all'European Coalition for Israel. Lo scopo della organizzazione era quello di coordinare gli sforzi di raggruppamenti cristiani e uomini d'affari europei per avvicinare l'Unione Europea e Israele, sul modello dell'American Israel Public Affairs Committee. L'European Coalition – sostanzialmente una lobby pro-israeliana – si presentava come una associazione di "non ebrei" che sente l'obbligo morale di sostenere il popolo ebraico e lo stato di Israele davanti ai nemici che lo minacciano. Nella prospettiva di Sandell si trattava di mobilitare le organizzazioni cristiane, le chiese e gli attivisti di base per combattere il crescente antisemitismo in Europa; promuovere una prospettiva più equilibrata sulle varie questioni relative a Israele; riconoscere l'importante contributo del popolo ebraico, della sua cultura e dei valori per l'umanità; sostenere la coesistenza pacifica tra ebrei e arabi in Israele e nel Medio Oriente. [208]

Un ulteriore, preciso punto programmatico dell'European Coalition:

Presentare i diritti storici e legali del moderno stato di Israele, basato su leggi e trattati internazionali, a partire dalla Risoluzione di San Remo del 1920.

Il castello ritrovato

La "Risoluzione di San Remo", scritto all'inglese. Pochi avevano sentito parlare della conferenza del 1920 come uno dei momenti essenziali del processo che aveva condotto alla rinascita dello stato ebraico. Praticamente nessuno era poi al corrente di una risoluzione intitolata alla cittadina italiana, nota soprattutto per il festival musicale e per il casinò.

Nel 2007 il giurista Jacques Paul Gauthier pubblicava la sua tesi di dottorato, *Sovereignty over the Old City of Jerusalem*.[209] Era l'anno in cui falliva la conferenza di Annapolis, voluta da George W. Bush per tentare un accordo tra Israele e Olp sulla base del principio "due popoli, due stati". Nel 2008 usciva un libro di Howard Grief, avvocato israeliano nato in Canada, secondo cui la conferenza del 1920 avrebbe decretato la sovranità *de jure* del popolo ebraico su *tutta* la Palestina, compresa la parte oltre il fiume Giordano. Per Grief:

La Risoluzione di San Remo stabilì che la Palestina diventasse uno stato ebraico, prima sotto governo mandatario, poi come stato indipendente, nelle frontiere che abbracciavano tutta la storica Terra di Israele, da Dan a Beersheba.[210]

Era arrivato il tempo della consacrazione definitiva. Il 24 e il 25 aprile 2010 l'European Coalition for Israel organizzò nel Castello Devachan un convegno per celebrare il novantesimo anniversario dell'evento. Nel programma si poteva leggere:

Siamo convinti che l'opera della diplomazia non possa essere disgiunta dai fondamenti del diritto internazionale. Eppure nessuno dei recenti piani di pace finora presentati fa menzione del diritto legale di Israele, sancito dalla legge internazionale. Questo seminario intende offrire uno sguardo ravvicinato alla realtà storica e giuridica in Medio Oriente, basata sugli atti della Conferenza di pace dell'aprile 1920.

Nel salone dove Curzon ripeteva continuamente a Millerand che per le comunità non ebraiche non sarebbe cambiato nulla; dove perfino un venditore ambulante di prugne avrebbe avuto da ridire sulle procedure decisionali, il vicepresidente e portavoce del parlamento israeliano Danny Danon spiegò che era sua intenzione cercare di suscitare maggiore consapevolezza circa i dettagli della "Risoluzione di San Remo",

quella che ha incardinato nel diritto internazionale ciò che persino molti israeliani credono sia solo il loro punto di vista. Da Sanremo il popolo ebraico ha titolo ha precisi diritti giuridici internazionali riguardo alla Terra di Israele e a Gerusalemme. Ed è ora che cominciamo a parlare di questi diritti. Oggi in Israele vi sono persone fermamente convinte dei "diritti biblici" del popolo ebraico. Personalmente mi considero uno di quei credenti, ma è importante che anche il pubblico laico, che non è necessariamente legato a tale interpretazione, abbia l'opportunità di conoscere i diritti cui abbiamo pieno titolo in base alla legge internazionale.[211]

Danon, esponente del Likud, contava di promuovere anche in Israele delle iniziative educative sul tema, e intendeva presentare progetti in questo senso appena rientrato in patria: «Purtroppo vi sono molti, fra gli stessi israeliani, che si sono fatti convincere che noi ebrei ci saremmo impadroniti e avremmo invaso un luogo sul quale, in realtà, abbiamo pieno diritto giuridico [...]. Bisogna far parlare i fatti. Quando si esamina tutta la storia, si inizia ad afferrare una realtà che è completamente diversa da quella che viene dipinta dai mass-media, per non dire di quella diffusa dalla propaganda palestinese».[212]

L'opuscolo di Eli E. Hertz: *This Land is My Land. "Mandate for Palestine". The Legal Aspects of Jewish Rights* forniva un riassunto della questione per tutti gli intervenuti. Oltre a Danon, nel Castello Devachan parlarono Fiamma Nirenstein, Jacques Gauthier e il fondatore dell'European Coalition for Israel, Tomas Sandell. Sanremo era rappresentata dal sindaco Maurizio Zoccarato, titolare di un concessionario Peugeot. Non mancava un discendente di Lloyd George, felice come una pasqua per i festeggiamenti che lo coinvolgevano.

Al termine del convegno il pubblico – in maggioranza cristiani evangelici provenienti da diversi paesi – si distribuì nel parco, mettendosi in posa per rifare le storiche fotografie dei giorni della conferenza.[213] Se Dio li avesse "rapiti" in quel momento sarebbe stata una vera e propria apoteosi, in tutti i sensi.

Il miracolo non avvenne, però nel 2014, mentre infuriava la guerra civile siriana e l'Isis proclamava la nascita del califfato islamico, Hollywood portò sugli schermi un secondo adattamento del thriller *Left Behind*, con Nicholas Cage come protagonista. Considerando un altro film uscito nel 2005, si trattava ormai della quarta produzione apocalittica, rifatta da capo perché le precedenti non avevano soddisfatto le attese. Trama: milioni di persone in tutto il mondo scompaiono all'improvviso senza lasciare traccia. Scoppia il caos generale, le auto finiscono fuori strada e molte persone si trasformano in criminali. Anche su un aereo di linea svaniscono alcuni passeggeri e parte del personale. La figlia del pilota riesce a mettersi in contatto con il padre e tutti si rendono conto che si è verificato il "Rapimento della Chiesa" descritto nella Bibbia: le persone scomparse sono credenti o bambini. Il film, con un costo di produzione di 16 milioni di dollari, ne incassava quasi il doppio. [214]

Tra il 23 e il 25 aprile 2017 la European Coalition for Israel tornò a Sanremo per un altro convegno, stavolta al Royal, con una visita commemorativa all'edificio su cui erano calate le tavole della legge internazionale. Mancava Danon, nominato ambasciatore di Israele all'Onu, ma c'erano Sandell, Gauthier, l'ex ambasciatore di Israele nei Paesi Bassi, Haim Divon, un esponente del mondo ebraico-britannico come Lord Leslie Turnberg, più altri autorevoli relatori. La *San Remo Resolution* (espressione coniata pare da Grief, nel frattempo defunto) aveva dunque preparato la strada per la nascita dello stato ebraico e piantato i paletti legislativi inamovibili di Israele.[215] Del resto l'intera Liguria poteva considerarsi una "terra di pace", fondamentale per il popolo ebraico. Le prime navi dirette in Palestina dopo l'Olocausto, inclusa la tragica *Exodus*, erano partite da La Spezia, città che poteva fregiarsi dell'appellativo di "Porta di Sion".[216]

L'elettorato e l'intero sistema politico israeliano si erano negli ultimi otto anni spostati ancora più verso destra, rinunciando all'idea di una pace con i palestinesi in favore della sicurezza, messa in pericolo soprattutto dagli attacchi di Hamas.

Terrorismi

Acronimo di Harakat al-Muqawama al-Islamiyya, cioè Movimento islamico di resistenza, nel suo statuto Hamas definiva come un dovere religioso la "guerra santa" contro Israele. Una posizione inconciliabile con quella dell'Olp, in primo luogo per il laicismo professato da quest'ultima, poi per il suo riconoscimento del diritto all'esistenza dello stato israeliano. Gli attentati di Hamas erano già iniziati nel 1993, in concomitanza con la firma degli accordi di Oslo tra Rabin e Arafat. Durante la Seconda Intifada l'organizzazione aveva iniziato a colpire Israele con lanci di razzi (spesso di fabbricazione iraniana) e si era resa responsabile di molti attacchi terroristici suicidi, tra cui quello di Rishon LeZion del 2002 e il massacro del bus 37 ad Haifa nel 2003.

Nel febbraio 2004 Sharon, leader di un Likud tornato al governo, annunciò a sorpresa che Israele, senza nessun accordo con i palestinesi, avrebbe lasciato la striscia di Gaza. Il piano prevedeva non solo il ritiro dei soldati, ma anche il trasferimento in Cisgiordania degli 8000 coloni che occupavano buona parte del territorio della Striscia. Netanyahu, ministro delle Finanze, diede le dimissioni prima che il piano fosse attuato nell'agosto 2005, nonostante la resistenza da parte degli abitanti israeliani. Gaza rimase isolata, ma con i confini terrestri, marittimi e tutti gli approvvigionamenti controllati strettamente da Tel Aviv. Poco dopo l'ex "falco" Sharon uscì dal Likud e fondò Kadima, un nuovo partito centrista, dove confluì anche il laburista Shimon Peres, premio Nobel per la pace con Rabin.

A Gaza, però, non regnava nessuna pace. Nel 2006 Hamas vinse le elezioni politiche nella Striscia contro il movimento Al-

Fatah, ala dell'Olp. Sostenuta principalmente dall'Iran (come anche Hezbollah in Libano), l'organizzazione aveva guadagnato l'appoggio elettorale di una parte consistente della popolazione palestinese attraverso un'intensa propaganda religiosa accompagnata da iniziative sociali e benefiche. Si trattava di un'entità islamica fondamentalista, ma non inutile a quei settori della politica israeliana che, senza poterlo dichiarare apertamente, non avevano nessuna intenzione di percorrere la strada verso i due stati.[217] Nel 2007 Hamas chiuse la partita con Al-Fatah per il controllo di Gaza nel corso di una breve, brutale guerra civile. La Striscia diventava così il centro del conflitto israelo-palestinese, punto di partenza di molti attacchi terroristici contro il territorio israeliano e reazioni sanguinose da parte dell'esercito di Tel Aviv, che colpivano i civili. Israele dichiarò Gaza "territorio ostile" e interruppe per un periodo le forniture di cibo, elettricità e carburante da cui dipendeva la sopravvivenza dei suoi abitanti. Nel febbraio 2008 rispose ai lanci dei razzi con l'operazione militare "Inverno caldo" (4 morti israeliani e 112 palestinesi). Nuovi scontri e attentati fecero scattare alla fine dello stesso anno una seconda operazione, denominata "Piombo fuso" (13 morti israeliani, 500-600 palestinesi, o il doppio, secondo le fonti).

Benjamin Netanyahu, detto Bibi, aveva virato verso posizioni politiche sempre più dure, presentandosi come il leader giusto per un paese schiacciato dalle minacce, obbligato a difendersi contro un mondo pieno di terroristi e stati nemici. Netanyahu aveva assunto la presidenza del Likud nel 2007 e lo aveva condotto al successo nelle elezioni parlamentari del 2009, formando il suo secondo governo con una coalizione di partiti di destra e sionisti religiosi. Iniziava il lungo periodo che lo avrebbe visto come il dominatore assoluto della scena politica israeliana; un periodo caratterizzato dalle tensioni più forti a Gaza e in Cisgiordania, quest'ultima divisa tra territori occupati in misura crescente dai coloni e aree sotto Al-Fatah e l'Autorità palestinese.

Hamas da un lato proseguiva i suoi attacchi; dall'altro si dichiarava favorevole a una soluzione del conflitto che comprendesse uno stato Palestinese nei confini del 1967, con Gerusalemme Est come capitale e il diritto per i rifugiati palestinesi di tornare in Israele. Ma la "soluzione dei due stati", prospettata nella Conferenza di Annapolis del 2007 e in altre occasioni, si è sempre arenata di fronte alle reciproche intransigenze. Le restrizioni nel movimento di persone e merci cui erano sottoposti i due milioni di abitanti della Striscia, già minati dalla povertà e dalla disoccupazione, si fecero sempre più dure. Nel novembre 2012, in risposta agli attacchi di Hamas, partirono i bombardamenti aerei dell'operazione "Colonna di nuvole", dopo la quale l'Assemblea generale delle Nazioni Unite riconobbe a larga maggioranza lo Stato di Palestina.

Netanyahu vinse le elezioni anche nel 2013. L'anno seguente, in seguito al lancio da Gaza di centinaia di razzi su Israele e all'uccisione di tre adolescenti rapiti, scattò una nuova risposta militare per eliminare Hamas con altre fazioni terroristiche e distruggere i tunnel sotterranei usati come magazzini di armi. Nell'operazione "Margine di protezione", trovarono la morte più di 2 mila palestinesi, di cui circa 1500 civili. Persero la vita anche sessantasei soldati israeliani, cinque civili e un lavoratore immigrato thailandese. Netanyahu si confermò al governo anche con le elezioni del 2015.

Nel 2018 la Knesset varò una legge che definiva Israele come «lo stato nazionale del popolo ebraico», dove esclusivamente quel popolo esercita il suo «diritto naturale, culturale, religioso e storico all'autodeterminazione». La norma poneva Gerusalemme come capitale, declassava l'arabo a lingua a statuto speciale e riconosceva un valore giuridico agli insediamenti nei territori occupati della Cisgiordania, secondo fronte caldo del conflitto palestinese. Ai quasi due milioni di cittadini arabi di Israele – eredi di quelli rimasti nei confini del nuovo stato dopo il 1948, comprendenti anche drusi e cristiani – restavano comunque i diritti civili, religiosi e politici, cioè quelli di voto.

Una parte della pubblica opinione israeliana considerò la nuova norma come la fine dei principi universalistici su cui era stato fondato lo stato "ebraico e democratico". La maggioranza di governo, la destra religiosa e i cristiani sionisti euroamericani la ritennero una semplice presa d'atto di una realtà incontestabile, e cioè che Israele è sempre stato, dalla sua concezione, il "paese degli ebrei".[218]

Ma fino a dove si dovrebbe estendere la sovranità territoriale promessa da Yahweh nei giorni della tribolazione? La *San Remo Resolution* comprendeva – per il suoi sostenitori – tutta la Palestina, o meglio la Terra d'Israele, che nei riferimenti biblici più grandiosi si estende molto oltre l'attuale stato ebraico, fino in Giordania, e in certe versioni a pezzi di Libano, Siria ed Egitto.[219] Si tratta di un obiettivo il cui conseguimento implicherebbe una guerra senza quartiere, fino alla neutralizzazione, all'espulsione o all'annientamento dell'avversario. Per chi ha sempre pensato che la storia si muova per ragioni economiche, può essere sconcertante scoprire come proceda in parallelo con un'agenda metafisica. Per la maggior parte di noi i fanatici religiosi sfoggiano lunghe barbe e mantelli. A volte però indossano giacca e cravatta e guidano startup innovative, a elevato contenuto tecnologico.

Altre organizzazioni sioniste hanno scoperto negli anni passati l'importanza della Conferenza tenuta nel 1920 al Castello Devachan. La Unity Coalition for Israel, forse il più vasto network mondiale del settore, ne ha fatto perfino uno slogan:[220]

«ISRAEL, STAND FIRM ON SAN REMO!»

PAROLE PROFETICHE

L'orologio di Armageddon

I cristiani evangelici dispensazionalisti – una settantina di milioni solo negli Stati Uniti – credono che il "rapimento" sarà seguito da tre anni e mezzo di finta pace, indicati come "l'abominio della desolazione", cui ne seguiranno altri tre e mezzo di "grande tribolazione": guerre, carestie e malattie sotto il segno dell'Anticristo. È durante questa fase che molti ebrei si convertiranno al cristianesimo, comprendendo le vere intenzioni del Nemico e guidando le forze del Bene nella battaglia conosciuta come Armageddon. Poi Gesù imprigionerà Satana e stabilirà un regno messianico sulla terra per un millennio, al termine del quale il Principe delle tenebre sarà di nuovo sguinzagliato per un ultimo confronto, che si concluderà con il Giudizio universale.

A questo punto ci conviene cedere direttamente la parola a Renald E. Showers, dell'associazione evangelica Friends of Israel:

Nei capitoli 38 e 39 Ezechiele profetizza una futura invasione di massa su Israele da parte delle forze armate di sei nazioni. Cinque delle sei nazioni sono identificate nei versetti 5 e 6 del capitolo 38 con i loro nomi antichi usati all'epoca di Ezechiele. La prima nazione, la Persia, è quello che oggi è diventato lo stato moderno dell'Iran. Attualmente è governato da un regime fondamentalista islamico che sta investendo parecchio nella potenza militare, incluso lo sviluppo di armi nucleari.

Questo governo ha dichiarato apertamente la sua volontà di annichilimento dello stato ebraico di Israele.

La seconda nazione, l'Etiopia, non rappresenta lo stesso territorio della moderna Etiopia. In realtà, essa occupava l'area una volta conosciuta come Nubia e che oggi viene chiamata con il nome di Sudan. Anche questo stato è dominato da un governo fondamentalista islamico, il quale usa metodi brutali (compresa la crocifissione dei cristiani) per instaurare uno stato puramente islamico.

La terza nazione è la Libia che si trova a occidente dell'Egitto e anch'essa è una nazione islamica decisamente antioccidentale e antisraeliana, tanto che l'intelligence occidentale è stata di recente informata che la Libia ha assunto scienziati provenienti dall'ex Unione Sovietica per la sua campagna di rafforzamento militare.

Il popolo della quarta nazione – Gomer – era conosciuto all'epoca anche come i cimmeri. Essi vivevano a nord dei monti caucasici a sud della moderna Russia. Ai tempi di Ezechiele dimoravano in quella che è attualmente la zona che si trova al centro della Turchia.

Il popolo della quinta nazione, Togarma, furono identificati da Giuseppe Flavio come i Frigi, i quali risiedevano nella Cappadocia, ossia l'attuale zona est della Turchia.

Considerato che la quarta e la quinta nazione si trovano nell'attuale Turchia occorre sottolineare come l'attuale governo secolarizzato della Turchia è minacciato dai fondamentalisti islamici. E a questo proposito sono molti i leader a temere che la Turchia possa diventare un altro Iran. Se ciò dovesse accadere tutte le nazioni citate in Ezechiele 38:5-6 sarebbero caratterizzate da un odio militante islamico contro Israele.

Le cinque nazioni citate saranno guidate da una sesta nel futuro attacco contro Israele. [...] Poiché Ezechiele era un profeta ebreo sicuramente parlava tenendo conto del punto di vista del suo territorio. Perciò, quando nel versetto 38:15 parla dell'attacco delle sei nazioni guidate da Gog proveniente dal nord significa che la sua provenienza doveva essere per forza a nord di Israele. È la Russia la nazione situata all'estremità settentrionale direttamente a nord di Israele.

Da questa analisi risulta dunque che sarà la Russia a guidare la futura invasione contro Israele profetizzata da Ezechiele. Perché la Russia dovrebbe mai fare ciò? La prima ragione è l'antisemitismo. Prima dell'avvento del comunismo, la Russia era famosa per la sua brutale persecuzione contro gli ebrei. Se è vero che il comunismo ha governato questa nazione con il pugno di ferro è altrettanto vero che durante il regime comunista furono soppresse le manifestazioni esteriori di odio contro gli ebrei. Ora che il comunismo ha perso il controllo l'antisemitismo ha subito cominciato a rialzare la testa. Alcuni membri del Pamyat, un'organizzazione estremistica antisemita che aspira a governare la Russia, hanno accusato gli ebrei di essere la causa dei problemi della nazione. Alcuni hanno addirittura accusato gli ebrei di essere la fonte del virus AIDS. A causa di questi attacchi a partire dagli anni '90 molti ebrei hanno lasciato la Russia per far ritorno nella nazione di Israele.

Vi è un'altra regione per la quale la Russia ha interesse a guidare una futura invasione contro Israele. Secondo un'agenzia di intelligence, ufficiali delle forze armate dell'ex Unione Sovietica ritengono che la Russia potrebbe ritornare a essere una superpotenza anche senza il comunismo, ma se si alleasse con le nazioni islamiche contro Israele. A conferma di ciò, all'inizio degli anni '90 un portavoce del governo sovietico dichiarò che i giovani studenti avrebbero dovuto imparare l'arabo dal momento che il governo avrebbe in futuro stretto alleanza con le nazioni islamiche del mondo...

Secondo i profeti la catastrofe si scatenerà quando tutti diranno: «Pace e sicurezza».

All'inizio Dio spingerà gli invasori verso Israele per il suo scopo di sovranità. Ma quando essi attaccheranno, allora Dio interverrà contro di loro con furia, gelosia e ira. Egli interverrà attivamente per distruggere le forze dell'invasione attraverso terremoti, frane, atti autodistruttivi di panico, pestilenze, nubifragi, grandine, fuoco e zolfo.

La distruzione delle armate degli invasori sarà così estesa che le montagne, i campi di Israele e la valle accanto al Mar Morto saranno coperte di cadaveri. Dio manderà uccelli e altri animali a mangiare i loro corpi. Occorreranno sette mesi prima che gli ebrei riescano a seppellire i corpi dei morti rimasti e a distruggere tutte le loro armi. Se l'invasione avverrà poco prima della metà della Tribolazione, la distruzione delle armi si realizzerà al principio del Millennio.

Lo scopo di Dio sarà di autoglorificarsi davanti a Israele e a tutte le nazioni, che saranno così impressionati dalla Sua esistenza e dal Suo potere da trasformare la propria vita. Molti ebrei e gentili saranno salvati proprio durante la Tribolazione. Non vi sono dubbi che l'adempimento delle profezie di Ezechiele saranno uno strumento per mezzo del quale Dio porterà a sé molte persone di quel tempo.[221]

Il testo di Showers risale probabilmente agli anni Novanta, tanto che non cita neppure gli attentati dell'11 settembre 2001. Lo potremmo cestinare come il delirio di un pazzo se tanta gente non ne seguisse ancora le idee e non ci offrisse spunti così numerosi sugli sviluppi politici del nuovo millennio, tutti centrati, direttamente o indirettamente, sui paesi che dovrebbero guidare l'attacco "satanico" contro Israele.

Cominciò a devastare il Medio Oriente George W. Bush, che poi si mise a «piangere sulla spalla di Dio» per averlo costretto a bombardare l'Iraq, l'antica Babilonia.[222] Seguirono le "primavere arabe"; la dissoluzione della Libia di Mu'ammar Gheddafi; la guerra civile siariana; il cambio di governo in Ucraina; l'inizio della guerra nel Donbass, con l'annessione della Crimea da parte della Russia e le tensioni con Mosca che avrebbero portato all'invasione russa del febbraio 2022; la caduta finale in Siria del regime di Bashar al-Assad...

Milioni di individui vedono in tutto questo un piano trasparente. Il ritorno dei discendenti di Israele nella terra promessa non sarebbe una semplice vicenda storica, piena di accidentalità come ogni evento umano, ma l'elemento fondamentale di un progetto divino, il bagliore di un sommovimento escatologico. Come risposta definitiva al problema del Male, Dio prima radunerà le sue schiere, poi farà resuscitare i morti e li giudicherà uno per uno, cancellando ogni ricordo doloroso in quelli che gli sono stati fedeli e concedendo loro la vita eterna in una qualche forma di mondo reale, concreto e pienamente appagante.

John Horace Savile aveva collocato nel suo parco un portale in bronzo oggi scomparso. Raffigurava il "giardino delle delizie", il suo *Devachan*, con figure umane dallo spiccato dualismo erotico, orchestrine di putti e, al centro, una divinità plurimammelluta, segno di abbondanza inesauribile. Un luogo simile alla vecchia Sanremo epurata dalle malattie, a un'isola tropicale priva di tristezza, a un casinò dove si vince sempre.

Persi nel loro sogno escatologico, i cristiani sionisti sono accusati di preparare il terreno per una catastrofe atomica. Qualcuno li chiama "la lobby di Armageddon".[223] Loro, con impassibile determinismo, replicano che si tratta di pure e semplici calunnie:

La Bibbia afferma in modo inequivocabile che Dio ha stabilito il giorno e l'ora della sua seconda venuta e che l'uomo non ha il potere di modificare questa ora di un nanosecondo. Quindi la stessa teologia che nutre le credenze evangeliche su Armageddon elimina ogni possibilità che tali credenze motivino gli evangelici a cercare di innescare Armageddon.[224]

RICOGNIZIONE SUI CONFINI

Corso degli Inglesi, 462, 18038 Sanremo IM

Ito Ruscigni è una di quelle persone che quando parla di cose invisibili sembra che ce le abbia proprio davanti agli occhi. Per molti anni ha lavorato nel casinò sanremese come direttore dell'ufficio stampa e cultura, proseguendo il dialogo con le forze sottili iniziato da Spaini, l'antroposofo che durante la guerra fredda aveva finito per diventare profeta della distruzione nucleare. Ma Ruscigni non se ne considera l'erede. Antroposofi e teosofi gli sembrano brutali materializzatori dell'indicibile e dei suoi simboli. Scrive in una sua poesia sul "mistero":

Le chiavi in possesso dell'uomo
non sono d'oro e d'argento
come quelle in mano agli dei
Aprono e chiudono solo nei sogni
in potenza e per imitazione…

Tra il 1983 e il 2012 quasi tutti gli esponenti della cultura italiana sono passati dai suoi Martedì letterari, nel teatro della casa da gioco. Guido Ceronetti gli chiese una volta come mai fosse «capitato tra i tavoli della perdizione uno che vive più nelle grotte del Mar Morto e nei boschi di Patmos che nell'infetta Sanremo». Ma probabilmente Ceronetti non sapeva che Sanremo è insieme Patmos ed Eleusi.
Il numero civico 449 di corso degli Inglesi ci conferma la sussistenza terrena di Villa Maya. Mi dicevano che tempo fa

apparteneva al proprietario di una salumeria, ora non si sa, comunque John Horace sarebbe contento di ritrovare in questo stato la casa dove aveva vissuto con Sylvia. Proseguiamo la salita su una strada senza marciapiede, più lunga di quanto pensassimo, con le scritte "privato" che ringhiano da tutti i cancelli. Rum, il vecchio cane di Ito, sembra poco impressionato. Arriviamo un po' trafelati alla lapide dedicata ai partigiani, dove una volta si apriva il cancello visconteo preso dalla Capponcina. L'ha inaugurata nel 2013 un gruppetto di superstiti della Resistenza, dopo che l'Anpi aveva dovuto superare qualche ostacolo perché i nuovi residenti non volevano saperne di quei ricordi dolorosi. Forse perché, per loro, i partigiani erano terroristi.[225]

Imboccato quello che era una volta il viale del parco, ci troviamo subito davanti a una Sala del Regno dei Testimoni di Geova. Per tutti i santi del paradiso! (o per tutti i demoni dell'inferno?): *i Tes-ti-mo-ni di Ge-o-va!* Si sono piazzati strategicamente proprio lì, in prima fila, ad aspettare la fine del mondo predicata dal loro fondatore...

Calma eh! Esistono anche le coincidenze. Non è forse la stessa vita una casualità inattendibile? E poi il castello non si vede ancora, deve essere più in alto. John Horace ci aveva piantato una foresta di palme, araucarie, cisti, lecci, oleandri, fichi e rose: nel frattempo una bacchetta antimagica li ha tramutati tutti in garage. Rispetto alle fotografie scattate nel periodo della conferenza sembra sopravvissuto solo un cedro del Libano, un albero che ha convertito il tempo nella dimensione spaziale diventando decisamente maestoso. Alla fine troviamo il Devachan, "il posto degli dei". Non è brutto come sosteneva D'Annunzio. Anzi, proprio lui avrebbe sicuramente apprezzato la sfumatura sanguigna che prendono le pietre di Capo Nero quando si squamano. Rum saluta l'apparizione con un verso roco. Sul cornicione resiste lo scudo con le tre civette, il rapace della sapienza notturna, o della "conta" dei bambini italiani, apparentemente insensata.

Un grosso orologio stava alle spalle di Nitti nella sala della conferenza. Se era quello di Armageddon, lo avevano messo in moto senza accorgersene, in una specie di intermezzo tra questioni veramente importanti, come disse Berthelot. Chiedo a Ruscigni, autore del saggio *Regola della guerra e Apocalisse*, cosa ne pensa di un Dio considerato un Signore dei Catasti, che certifica le terre a favore di uno piuttosto che di un altro. Risponde che definizioni come "popolo eletto" non avevano un significato razziale, ma indicavano un gruppo di iniziati che possedeva la visione spirituale delle cose, in contrapposizione con gli obiettivi terreni dietro cui si perdevano gran parte delle nazioni pagane. Israele doveva ravvivare i loro culti in nome del Dio unico; riportarli al principio vivente di tutte le religioni. Doveva ricordare la Tradizione primordiale data a tutti gli uomini. Il suo compito era svelare il fine ultimo dell'esistenza cosmica; insegnare il ritorno all'Uno nella diversità dei suoi simboli, incarnazioni, manifestazioni. Ma anche il popolo ebraico si era smarrito. Non aveva più capito che la parola divina si esprime nel mito, attraverso un linguaggio che *ri*vela, cioè mostra e al tempo stesso nasconde. Aveva cercato di inserire nella storia concreta prerogative valide solo su un piano metafisico.[226]

Rum alza verso di noi lo sguardo appannato dalla cataratta. Riscendiamo verso il corso degli Inglesi. Abbiamo ancora un posto da visitare prima di scrivere la parola fine.

The Gate

La strada dedicata dal comune di Sanremo a Gabriele D'Annunzio serpeggia per chilometri in un paesaggio di ulivi, ville, serre e cisterne, prima di terminare all'altezza del ristorante "Il Vittoriale", specialità carne alla brace.

Perfetto.

Ruscigni sorregge il povero Rum, che nelle curve scivola dal sedile, e nello stesso tempo rievoca la visita che Paolo di Tarso fece ad Atene. I filosofi lo avevano portato presso l'Areopago, sul colle dedicato ad Ares, perché spiegasse in cosa consisteva la nuova religione. L'apostolo esordì dicendo che considerava gli ateniesi persone molto devote. Tra gli oggetti della loro venerazione aveva incontrato in città perfino un altare dedicato "Al Dio Ignoto". «Era un modo per accennare al principio divino inesprimibile – osserva Ito, – un simbolo per insegnare la tolleranza rispetto agli altri culti e religioni, perché una strada sola, come diceva Simmaco, non può esaurire un mistero così grande. Ma San Paolo non aveva mai compreso la realtà profonda di quel "Dio Ignoto", né da rabbino né da apostolo cristiano. Disse agli ateniesi che era venuto lì per annunciare quello che loro adoravano senza conoscerlo: il creatore del cielo e della terra, il vero Dio, che si era incarnato in suo figlio Gesù, morto e risorto per la salvezza degli uomini. La maggior parte del pubblico, sentendolo parlare di resurrezione dei morti, si mise a ridere, e lui se ne andò via scornato. La maggior parte, ma non tutti: qualcuno lo seguì e iniziò a *credere*, mentre prima gli iniziati *sapevano*, e sapevano anche fino a che punto si può spingere la conoscenza del divino».

Freno e accosto la macchina, mentre Ruscigni prosegue: «I monoteismi intolleranti hanno diviso il mondo tra i seguaci del "vero Dio" e chi adora i "falsi dei" pagani, considerati demoni da distruggere, abbattere, cancellare. Invece erano manifestazioni graduali del principio primo, forme archetipiche dell'anima e della natura. Le religioni monoteiste non hanno smesso mai un attimo di farsi la guerra tra loro in nome dei propri simboli, scambiati per realtà ultime. Così l'essere divino si è ritirato dal mondo, trasformandolo sempre più in un oggetto da manipolare, una "cosa" da produrre. Oggi, i poteri che lo governano hanno completamente nascosto la luce, cercando di impedirne la resurrezione con una falsa immagine da realizzare in forma materiale. Ma prima o poi…».

Nel proclama che avrebbe dovuto lanciare su Sanremo come una bomba, D'Annunzio sosteneva che ogni cosa possiede un destino tutto suo. Il cancello del paradiso è finito in certo momento nelle mani di un impresario edile, che l'ha riciclato per la sua casa in campagna. E ora ce lo ritroviamo qui, di fronte a una vetreria, tra ulivi potati senza pietà, con un viadotto dell'autostrada come sfondo panoramico, in uno di quei non-luoghi che rappresentano l'*assenza* universale, il mondo desertificato dagli attributi dell'eterno, cominciando con la bellezza.

Rum si è bloccato per modulare un lamento afono. Avrà sentito qualche spettro lieve e funesto aleggiare nelle vicinanze. Tossisce, poi riaccende l'allarme del vecchio animale sprofondato tra i suoi fantasmi. Per un attimo sembra di vederli anche a noi mentre attraversano il cancello che si era chiuso alle loro spalle con uno scatto. Aspettano come tutti il futuro ultimo, il tempo della salvezza, della trasformazione radicale di un mondo che ci opprime. In attesa dell'estremo compimento, Balfour, Berthelot e Lloyd George parlano di cinema con il foruncoloso partigiano Lanteri; John Horace litiga con sua sorella sulla prospettiva della clonazione; un Venizelos più pallido del solito illustra le migliori ricette della cucina greca a quella canaglia di Cibrario; Millerand cerca di spiegare ad Anne Belcher il significato estensivo di "diritti politici", mentre il maresciallo Foch gesticola elegantemente all'indirizzo di Madame Efremova. Da qualche parte, negli angoli più loschi, deve aggirarsi anche Boghos Nubar, alla ricerca del taccuino di indirizzi che gli hanno rubato le ragazze cattive di Sanremo. Le loro voci si sovrappongono e si confondono formando un coro cupo, punteggiato da strilli, riverberi acuti.

«Vedi? – dice Ito sorridendo faunescamente –, le civette dei Mexborough sono volate incontro alla notte».

L'EVENTO UFFICIALE

Come un coltello caldo

Netanyahu ha avuto un po' di problemi negli anni prima della celebrazione che sta avvenendo a Sanremo. Problemi politici, ma anche con la giustizia. Le due tornate elettorali del 2019 non gli hanno dato una maggioranza convincente. Una terza votazione, più positiva, si è svolta nel marzo 2020. Per tutto il tempo è comunque rimasto lui il premier di Israele. Ha così gestito la pandemia di Covid-19 e siglato gli Accordi di Abramo per la normalizzazione delle relazioni diplomatiche con Emirati Arabi Uniti e Bahrein, paesi bene inseriti negli ingranaggi del capitalismo mondiale. Ma la precaria coalizione che lo sosteneva è andata in pezzi prima che finisse l'anno. Il 23 marzo 2021 gli israeliani sono tornati alle urne. Anche se il Likud e i suoi alleati non hanno ottenuto un successo decisivo, il presidente Reuven Rivlin lo ha ancora incaricato di tentare la formazione di un governo. Mentre a Sanremo si ricorda la conferenza, Netanyahu sta per esaurire i 28 giorni a disposizione per raggiungere un compromesso.[227]

Siamo così tornati al punto da cui avevamo iniziato, o almeno a pochi giorni prima della cerimonia nel teatro del casinò.

Domenica 25 aprile 2021 a Netanya, una popolare località turistica israeliana, è stata inaugurata la piazza Sanremo proprio per ricordare la conferenza del 1920. Sulle note di *Che sarà* cantata dai Ricchi e Poveri, di altre famose canzoni italiane e degli inni dei due paesi, l'ambasciatore italiano in

Israele, Gianluigi Benedetti, ricordava come «fu proprio a Sanremo che l'affidamento del mandato sulla Palestina rappresentò la pietra miliare della futura costituzione di uno stato libero, indipendente e democratico».[228]

Dalla parte opposta del Mediterraneo, in Italia, buona parte del carico organizzativo grava sulle spalle dell'ambasciatore di Israele Dror Eydar, scelto personalmente dal leader del Likud.[229] Eydar ha preso servizio a Roma nel settembre 2019. Durante la sua prima visita a Sanremo dell'11 febbraio 2020 parlava solo in inglese. Tra lui e il sindaco, Alberto Biancheri, si erano già stabilite una serie di iniziative che avrebbero avuto il loro culmine il 26 aprile, giorno in cui si sarebbe ufficializzata l'intesa sulla Palestina tra i vincitori della prima guerra mondiale.

«Oltre che di questioni politiche e storiche avrete parlato anche di qualcos'altro? Della città, di possibili sviluppi?» aveva chiesto un giornalista a Biancheri.

«Lui mi ha parlato soprattutto del Festival di Sanremo – rispondeva sorridendo il sindaco –, mi ha detto che lo ha seguito, che gli piace»[230] (la manifestazione si era tenuta dal 4 all'8 febbraio, giusto in tempo per schivare la pandemia).

Un anno e due mesi dopo Eydar si esprime già in un discreto italiano. Il 27 aprile 2021 si è fermato a Genova, dove ha avuto un colloquio con il presidente di Regione Giovanni Toti sull'andamento delle campagne vaccinali contro il Covid nei due paesi. Toti si è congratulato per la brillante gestione israeliana, auspicando che l'Italia possa raggiungere presto gli stessi risultati. I due hanno parlato anche di collaborazioni tra Liguria e Israele in tema di cultura, turismo e innovazione tecnologica.[231]

Eydar ha quindi proseguito il suo viaggio per Sanremo, dove tutti lo aspettano con ansia, anche perché si porta dietro la direttrice dell'Ufficio nazionale del turismo e la speranza di iniziative che portino vantaggi economici, gli unici cui i sanremesi siano realmente interessati.[232]

La mattina del 28 un corteo di macchine si arrampica per corso degli Inglesi fino alla ex villa di John Horace Savile. È una giornata asciutta, dal cielo opaco. Le tre civette sapienziali li attendono recitando in silenzio, al cospetto del mare perlaceo, la loro celebre formula magica: *Hanc para ab hac quidquid quodquod.*[233] Ora sono arrivati tutti, compresi gli agenti di polizia della scorta armata. Biancheri, titolare di un'azienda leader nello sviluppo di nuove varietà floricole per ibridazione e miglioramento genetico, indossa una mascherina blu con il simbolo dell'Unione Europea; Eydar una bianca, lavabile, con le bandiere di Italia e Israele, fabbricata da un'azienda israeliana hi-tech che tratta i tessuti con nanoparticelle di ossido di zinco attraverso una tecnologia di finissaggio ultrasonico. L'ambasciatore a tra le mani un libro di Riccardo Mandelli regalatogli con un tocco di genio surrealista dalle autorità locali: *Dieci giorni in aprile. La Conferenza di Sanremo del 1920 e la spartizione del Medio Oriente.* Aprendolo a pagina 98 ci ritroverebbe Berthelot mentre dichiara che creare uno stato ebraico non è nelle intenzioni del governo francese (e non gliene importerebbe nulla).

Per arrivare alla sala della conferenza, o almeno a quanto ne resta dopo che l'edificio è stato tagliato internamente a fette, si deve passare dal giardino. Ai piedi della scalinata è collocato un pannello illustrativo con telegrammi e immagini d'archivio. Provengono in parte da quello della Farnesina, che ha anche collaborato per la realizzazione di un documentario trasmesso dieci giorni fa su Tg2 Storie. Un dattiloscritto in francese del 25 aprile 1920 avvisa che «non si farà nulla che possa violare i diritti civili e religiosi delle comunità non ebraiche residenti in Palestina». L'aggettivo caro a Millerand, «politici», non si trova. I pochi giornalisti presenti osservano, fotografano e ascoltano le spiegazioni di una funzionaria israeliana. Sindaco e ambasciatore risalgono alcuni gradini e si mettono in posa per un saluto con i gomiti, perché in tempi di pestilenza non va bene stringersi la mano.

Il momento più importante arriva quando Eydar e Biancheri (gli ordini li dava l'ambasciatore, si racconta) sollevano il velo che scopre la targa fissata in una parete del castello:

Nella settimana tra il 19 e il 25 aprile 1920, in questo luogo, Villa Devachan, si riunirono i rappresentanti delle potenze vincitrici della prima guerra mondiale, per delineare la nuova conformazione del Medio Oriente dopo la sconfitta dell'Impero Ottomano. Le Potenze Alleate assegnarono la maggior parte del Medio Oriente ai popoli arabi, mentre al popolo ebraico la Palestina, la storica biblica Terra di Israele. Nella Risoluzione adottata fu inoltre inserita la Dichiarazione Balfour, che precedeva l'istituzione di un focolare nazionale per il popolo ebraico nella sua antica patria. Ventotto anni dopo, il 14 maggio 1948, nacque lo Stato di Israele.

Si evince che: 1) gli arabi sono già stati più che favoriti; 2) le potenze vincitrici della prima guerra mondiale hanno assegnato al popolo ebraico la Palestina, o meglio la biblica Terra di Israele, senza precisarne l'estensione.

Eydar sfoggia un sorriso soddisfatto.[234]

La mente dell'ambasciatore

Dror Eydar è un pelato dall'aria risoluta, sulla cinquantina. Nel suo curriculum troviamo studi di letteratura ebraica, scienze politiche e relazioni internazionali. Ha pubblicato libri e articoli su diversi argomenti culturali. Il pubblico del suo paese lo conosce soprattutto come editorialista del quotidiano "Israel Hayom", dove cura una rubrica settimanale su temi politici, storia, religione, mitologia. Ha contribuito a fondare un movimento per intellettuali conservatori israeliani chiamato "Secondo circolo della rivoluzione sionista". È inoltre membro del "Liaison Committee", una iniziativa informale ebraico-cristiana «rivolta a promuovere un migliore rispetto e una migliore comprensione reciproca tra ebrei e cristiani locali», sorta nel 2010 dalla collaborazione tra la Ecumenical Theological Research Fraternity in Israel e il Centro mondiale B'nai B'rith, la potente fratellanza ebraica americana.[235]
Come scriverà nelle memorie del periodo in cui è stato ambasciatore in Italia, la Conferenza di Sanremo sarebbe molto

più importante della Dichiarazione Balfour perché avrebbe vincolato nel diritto internazionale quello del popolo ebraico alla sua terra. Grazie alle decisioni prese a Sanremo, il 24 luglio 1922 la Società delle Nazioni poteva approvare i mandati all'unanimità, riconoscendo ufficialmente il legame storico del popolo ebraico con la Palestina e le basi per la ricostruzione del loro focolare nazionale in quella terra. La storiografia sionista se n'è dimenticata a lungo, stranamente. È dunque il momento di rimediare, ricordando che:

la Palestina mandataria includeva anche il territorio di tutta l'attuale Giordania, ma quest'ultimo ne fu in seguito escluso.[236]

Non crediamo di sbagliarci troppo attribuendo a Eydar la fiducia che tempo, forza, cinismo e intelligenza metteranno riparo a quell'errore. E quindi la convinzione che, prima o poi, la Palestina finirà per appartenere tutta agli ebrei, nei suoi confini biblici, come dai presunti accordi di Sanremo. Chi la pensa diversamente si troverà di fronte quel "muro di ferro" di cui parlava Jabotinsky; una parete impenetrabile, senza fenditure. Non ci siamo meravigliati, dopo l'attacco di Hamas del 7 ottobre 2023, sentendolo dire in un programma televisivo italiano che «l'obiettivo è distruggere Gaza, questo male assoluto».[237]

Detto e fatto, con decine di migliaia di morti tra la popolazione civile. Per Eydar le 112 risoluzioni Onu votate contro Israele tra il 2015 e il 2021 sarebbero state una forma di ossessione contro l'unico stato ebraico del mondo e una espressione di antisemitismo. «L'antisionismo – prova a spiegare l'ambasciatore nel suo libro – è antisemitismo perché appartiene alla stessa famiglia dell'opposizione all'esistenza degli ebrei come stato, perché il sionismo è l'espressione politica del sogno delle nostre generazioni di tornare alla casa di Sion. In questo senso l'antisemitismo è opporsi al diritto di esistere da parte degli ebrei, non solo all'interno delle comunità ebraiche di tutto il mondo ma come stato ebraico che si autodetermina alla pari di tutti gli altri popoli».[238]

Gli ebrei, secondo Eydar, hanno trascorso secoli in una condizione sognante, in una realtà sospesa. Mentre erano in esilio, sparsi per il mondo, i loro saggi sapevano che solo il sogno li avrebbe mantenuti uniti: spirali oniriche dai contorni religiosi, rivelazioni divine e imperativi morali. Ma anche sogni di natura nazionale, come il ritorno nella terra promessa. Canta il poeta biblico dei Salmi: «Quando il Signore ha ricondotto i prigionieri a Sion ci sembrava di sognare; la nostra bocca si apriva al sorriso, la nostra lingua si scioglieva in canti di gioia».

Eydar si dice nato da persone semplici, accorse dall'Iran alla nascita dello stato ebraico. Un paese che veniva resuscitato dal sionismo, il movimento degli ebrei che avevano scelto di essere attivi, perfino ribelli contro un Dio che aveva proibito alle sue prime creature di assaggiare il frutto dell'albero della conoscenza, pena la morte. L'ambasciatore si muove tra religione, politica e scienza redentrice:

La Terra dei Padri è il terreno più adatto per la crescita dello spirito di Israele. Parla della preparazione alla profezia, che è possibile per noi realizzare solo in questo paese. E la profezia [...] si trova anche nei sogni. Con il ritorno a casa a Sion, dopo migliaia di anni, e con la realizzazione del sogno di generazioni, iniziano a tornare da noi i tesori dello spirito e dell'anima che sono rimasti sopiti per molti anni. Spirito di iniziativa e audacia, pensiero fuori dagli schemi e fiducia in se stessi e altro ancora: l'Albero della Conoscenza e della Vita, sradicato dal giardino dell'Eden, torna alla sua terra e comincia a dare i propri frutti. E siamo solo all'inizio di questo processo.[239]

Poi forse verrà il superamento della morte e la creazione della vita artificiale, come disegna l'israeliano Yuval Noah Harari nelle sue esplorazioni transumanistiche.[240] Agli uomini spetterebbe così l'infido compito di perfezionare la creazione. Non importa se per farlo dovrà, come Lucifero, lottare con Dio, voltargli le spalle, ritrovarlo e, solo alla fine, dirgli grazie senza credere nemmeno troppo nella sua esistenza.[241]

RITORNO AL CASINÒ

Si è appena spenta l'eco della voce di Andrea Bocelli e si riaccende lo schermo con i video della "piazza Sanremo" di Netanya e la visita al Castello Devachan del giorno prima. È poi la volta del ministro degli Esteri israeliano, Gabi Ashkenazi, cui seguono i messaggi augurali a distanza di Paolo Gentiloni, Commissario europeo per gli affari economici e monetari, e di Matteo Renzi, che in questo momento non ha nessun incarico pubblico ma si vede che non poteva mancare.

Il leggio adornato con lo stemma ufficiale di Israele è ora vuoto, la platea silenziosa. Tra gli orchestrali, solo i suonatori degli strumenti a corda indossano una mascherina protettiva. Tutti preparano gli strumenti, tra poco si rimetteranno in azione. Ecco, Chen Reiss torna sul palco per interpretare *Hallelujah*, la canzone più famosa di Leonard Cohen. Il cantautore canadese di origini ebraiche ne parlava così:

Questo mondo è pieno di conflitti e di cose che non si tengono insieme, ma ci sono momenti in cui possiamo trascendere il sistema dualistico e riconciliarci e abbracciare tutto il caos e questo è ciò che intendo con Alleluia. A prescindere dall'assurdità della situazione, c'è un momento in cui si apre la bocca, si spalancano le braccia, si abbraccia la cosa e si dice semplicemente "Alleluia! Benedetto il Nome". E ciò non è conciliabile se non con questa posizione di totale abbandono, di totale affermazione.[242]

Chen Reiss nel teatro del casinò municipale di Sanremo, tempio dell'azzardo e della canzone:

You say I took the name in vain
I don't even know the name
But if I did, well, really, what's it to you?
There's a blaze of light in every word...

«Dici che ho pronunciato il Nome invano, ma non l'ho mai neanche saputo. E se l'avessi poi fatto, beh, che te ne importa? C'è un bagliore in ogni parola, non importa quale tu abbia udito, se il santo o il disperato Alleluia. Ho fatto del mio meglio, non era poi molto. Non potevo sentire, così ho provato a toccare. Ho detto la verità, non ti sto prendendo in giro. E anche se andasse tutto male, mi presenterò davanti al Signore della Canzone e dalle mie labbra non uscirà niente, niente altro che un Alleluia».

NOTE AL TESTO

1 www.sanremonews.it/2021/04/29/leggi-notizia/argomenti/altre-notizie/articolo/in-diretta-su-rai2-dal-casino-le-celebrazioni-per-il-100-anniversario-della-conferenza-di-sanremo.html
www.sanremonews.it/2021/04/29/leggi-notizia/argomenti/politica-1/articolo/rapporti-sempre-piu-stretti-tra-sanremo-e-israele-opportunita-turistiche-e-commerciali-ma-anche.html
2 Viscount Pollington [John Horace Savile], *Half Round the Old World, Being Some Account of A Tour in Russia, the Caucasus, Persia, and Turkey, 1865-66*, Moxon & Co., London 1867.
3 James Orchard Halliwell-Phillipps, *A Collection of Letters Illustrative of the Progress of Science in England, From the Reign of Queen Elizabeth to That of Charles the Second*, Historical Society of Science, London 1841, pp. 32-3; Charlotte Fell Smith, *John Dee (1527-1608)*, Constable & Company, London 1909, pp. 266-267; 279; Peter J. French, *John Dee. The World of the Elizabethan Magus*, Routledge, New York 2002, pp. 5n; 23n.
4 Le notizie sulla famiglia Savile provengono principalmente da: "La Belle Assemblée or, Bell's Court and Fashionable Magazine", LXI, Jan. 1830, p. 316; Julia Ashby, *The Earls of Mexborough* Part 1-2 in: www.mexboroughheritage.com; https://issuu.com/jamiei/docs/savile-20of-20methley-20et-20a.
5 Ralph Nevill, *Light Come, Light Go. Gambling. Gamesters. Wagers. The Turf*, MacMillan and Co., London 1909, p. 195.
6 J. Ramsden Riley, *The Yorkshire Lodges. A Century of Yorkshire Freemasonry*, Leeds, Thomas C. Jack, London 1885.
7 Richard Vickerman Taylor, *The Biographia Leodiensis; Or, Biographical Sketches of the Worthies of Leeds and Neighbourhood…*, Sinpkin, Marshall, & Co., London 1865, p. 490. Per l'accusa di bancarotta vedi: https://issuu.com/jamiei/docs/savile-20of-20methley-20et-20a.
8 www.florin.ms/ChapterA.html (vedi A6F/ A86/ 256/).
9 Alexander William Kinglake, *Eō then or Traces of Travel Brought Home from the East*, Collins, London & Glasgow s.a, pp. 131; 175; 201; 290-296; Joe Moran, *Shrinking Violets. The Secret Life of Shyness*, Profile Books, London 2016.
10 "Illustrated London News", 26 agosto 1899.
11 Viscount Pollington [John Charles George Savile], *Notes on a Journey from Erẓ -Rúm, by Músh, Diyár-Bekr, and Bíreh-jik, to Aleppo, in June,1838*, "The

Journal of the Royal Geographical Society of London", Vol. 10 (1840), pp. 445-454.

[12] Isabel Burton, *The Life of the Captain Richard F. Burton*, vol. I, Chapman & Hall, London 1893, pp. 47-48.

[13] Benjamin Disraeli, *Coningsby; or, The New Generation*, Appleton & Company, New York 1870, pp. 65-66 (i Mexborough appaiono a un ricevimento con il nome di Lord e Lady Gaverstock).

[14] Benjamin Disraeli, *Coningsby; or, The New Generation*, Appleton & Company, New York 1870, pp. 85-86.

[15] Donald M. Lewis, *The Origins of Christian Zionism. Lord Shaftesbury and Evangelical Support for a Jewish Homeland*, Cambridge University Press, Cambridge 2014, lettera del 14 giugno 1841. Sui fatti del 1840 e più in generale sulle accuse di "vampirismo" rivolte agli ebrei vedi: Furio Jesi, *L'accusa del sangue. La macchina mitologica antisemita*, Bollati Boringhieri, Torino 2007.

[16] Lord Lindsay [Alexander William Crawford Lindsay], *Letters on Egypt, Edom and the Holy Land*, 2 Vol., Coulborn, London 1838.

[17] Lucien Wolf, *Notes on The Diplomatic History of The Jewish Question*, Jewish Historical Society of England, London 1919, p. 112.

[18] Philip D. Curtin, *Cross-Cultural Trade in World History*, Cambridge University Press, Cambridge 1984, p. 204.

[19] David A. Kennedy, *From Madras to Surbiton. Alexander Raphael, Unbeaten Champion, 1775-1850*, in: www.kingstonhistoryresearch.co.uk/canbury/wp-content/uploads/2018/01/madras-to-surbiton-december-2017.pdf

[20] William D. Rubinstein; Michael Jolles; Hilary L. Rubinstein (Eds.), *The Palgrave Dictionary of Anglo-Jewish History*, Palgrave Macmillan, New York 2011, pp. 785-787.

[21] Francis Cowley Burnand, *The "A.D.C." Being Personal Reminiscences of the University Amateur Dramatic Club, Cambridge*, Chapman and Hall, London 1880, pp. 244-245.

[22] Christopher Hibbert, *Edward VII. The Last Victorian King*, St. Martin's Press, New York 2007, p. 38.

[23] Fabio L. Grassi, *Una nuova patria. L'esodo dei Circassi verso l'Impero Ottomano*, Isis, Istanbul 2014.

[24] Per uno studio generale vedi: Elena Andreeva, *Russia and Iran in the Great Game. Travelogues and Orientalism*, Routledge, New York 2007 (oltre naturalmente al classico di Lord Curzon, *Persia and the Persia Question*, pubblicato in due volumi nel 1892, che cita nelle sue fonti il libro del visconte di Pollington).

[25] www.iranicaonline.org/articles/indo-european-telegraph-department; http://atlantic-cable.com/CableCos/Indo-Eur/index.htm

[26] Il periodo trascorso a Bušehr è raccontato diffusamente da Savile in: *A Month on the Persian Gulf*, "Belgravia. A London Magazine", October 1871, pp. 95-100.

[27] Tinco Martinus Lycklama à Nijeholt, *Voyage en Russie, au Caucase et en Perse, dans la Me□sopotamie, le Kurdistan, la Syrie, la Palestine et la Turquie, exe□cute□ pendant les anne□es 1866, 1867 et 1868*, vol. III, Bertrand-van Langenhuysen, Paris-Amsterdam 1874, p. 54.

[28] Lord Newton [Thomas Wodehouse Legh Newton], *Lord Lyons. A Record of British Diplomacy*, vol. I, Edward Arnold, London 1913, pp. 151-152.

[29] Thomas G. Fergusson, *British Military Intelligence, 1870-1914. The Development of a Modern Intelligence Organization*, University Publications of America, Frederick 1984, pp. 1-14.

[30] In realtà possediamo una traccia di una sua contiguità ulteriore con quegli ambienti. "The Times" del 7 marzo 1887 (*Naval and Military Intelligence*) riferisce infatti della sperimentazione di un siluro telecomandato costruito da una società americana, la Lay Torpedo Company. Il test, fallito, si svolse all'estuario del Colne, nel sudovest dell'Inghilterra. John Horace Savile era presente con alcuni *attaché* militari di ambasciate straniere e diversi ufficiali britannici, tra cui Charles William de la Poer Beresford, l'uomo che si stava occupando di riorganizzare il dipartimento di intelligence navale e diventerà Primo Lord del Mare. Altro soggetto rilevante era George Sydenham Clarke, prossimo coordinatore dei servizi segreti integrati di esercito e marina militare.

[31] "The Times", 26 ottobre 1868, p. 6.

[32] *Letters of Henry Adams 1858-1891*, The Riverside Press, Cambridge Mass. 1930, p. 233 (l'autore è anche noto come Henry Brooks Adams).

[33] Per il West Riding dello Yorkshire, del Berkshire, del Middlesex, di Londra e Westminster.

[34] Fred E. Pirkis, *Muzzling*, "The Times", 22 novembre 1897.

[35] Lo si può leggere in: https://babel.hathitrust.org/cgi/pt?id=mdp.39015009224315;view=1up;seq=472 (pp. 443-445).

[36] *Lord Mexborough's Collection*, "The Times", 9 dicembre 1917.

[37] www.ecatholic2000.com/cts/untitled-517.shtml

[38] www.universaltheosophy.com/theosophical-periodicals/ (quinto volume, settembre 1889/febbraio 1890).

[39] *The Maha Bodhi and The United Buddhist World*, vol. 24, The Maha-Bodhi Society, Colombo 1916, pp. 250-251.

[40] *The Theosophical Congress Held by the Theosophical Society at the Parliament of Religions, Worlds's Fair of 1893, at Chicago, Ill., September 15, 16, 17. Report of Proceedings and Documents*, American section Headquarter, New York 1893 (p. 10 per la presenza di Pollington nell'Advisory Council).

[41] La notizia, che non siamo riusciti a rintracciare sul "Times", è ripresa da un giornale di provincia americano, "The Paducah Daily Sun", 16 febbraio 1898.

[42] *Marie Antoniette's Tapestry*, "The Times", 11 novembre 1919.

[43] *Letters of Henry Adams 1858-1891*, The Riverside Press, Cambridge Mass. 1930, p. 133.

[44] Per la fotografia e un breve "coccodrillo" vedi: "Illustrated London News", 26 agosto 1899. Testuale: «His immediate predecessor having impaired the estates by his extravagances, Lord Mexborough dropped his title for a number of years, and lived quietly abroad until the economy thus practiced enabled him to resume his proper rank at home».

[45] *Debrett's Peerage, Baronetage, Knightage, and Companionage*, Dean & Son, London 1903, p. 573.

[46] *London Leaders: Historic Families. Ancestral Estates*, Allan North, London 1907.

[47] *Middlesex. Biographical and Pictorial*, Allan North, London 1906.

[48] Nel volume sui discendenti dei re d'Inghilterra compilato da Joseph Foster (*The Royal Lineage of Our Noble and Gentle Families Together With Their Paternal Ancestry*, Hazell, Watson and Viney, London and Aylesbury), pubblicato nel 1884, si segnala che Claude Clerk è sposato con Sylvia Cecilia Serantoni ma la data del matrimonio è lasciata in bianco, come quella di nascita del capitano.

[49] Claude Clerk, *Notes in Persia, Khorassan, and Afghanistan*, "The Journal of the Royal Geographical Society of London", Vol. 31 (1861), pp. 37-65.

[50] Per la vita di Mahbub Ali e l'attività di Clerk vedi: Harriet Ronken Lynton, Mohini Rajan, *The Days of the Beloved*, University of California Press, London 1974; John Zubrzycki, *The Last Nizam*, Pan Macmillan, Sidney 2006.

[51] *Buddhist Peer Weds*, "New York Tribune", 10 maggio 1906.

[52] https://web.archive.org/web/20061006235327/ http://www.amfi.org/blackmem.htm

[53] *The Levée*, "The Times", 13 maggio 1892; *Law Report, Feb. 27*, "The Times", 28 febbraio 1903.

[54] John Fisher, Antony Best, *On the Fringes of Diplomacy. Influences on British Foreign Politics, 1800-1945*, Ashgate e-books 2011, cap. 7.

[55] "The New York Times", 27 marzo e 9 maggio 1899.

[56] ASIM, Cessato catasto urbano fabbricati di Sanremo, vol. 541, partita 5857.

[57] Marco Pasi, *Teosofia e antroposofia nell'Italia del primo Novecento*, in: Gian Mario Cazzaniga (a cura di), *Storia d'Italia. Annali 25. Esoterismo*, Torino, Einaudi, 2010, 569-598.

[58] *Il ricevimento alla Villa Mexborough*, "L'Eco di Sanremo", 20 febbraio 1910.

[59] George L. Mosse, *Il razzismo in Europa dalle origini all'Olocausto*, Laterza, Roma-Bari 1986; Furio Jesi, *Germania segreta. Miti nella cultura tedesca del '900*, nottetempo, Milano 2018.

[60] Jakob Katz, *Jews and Freemasons in Europe, 1723-1939*, Harvard University Press, Cambridge MA 1970.

[61] Il sionismo come forma di neognosticismo è analizzato in: Yotam Hotam, *Modern gnosis and Zionism. The crisis of culture, Life Philosophy and Jewish National thought*, Routledge, London-New York 2013.

[62] Raphael Patai (Ed.), *The Complete Diaries of Theodor Herzl*, Vol. I, Thomas Yoseloff, New York-London 1960, p. 378.

[63] www.bh.org.il/blog-items/the-1901-case-how-herzl-tried-to-bribe-the-sultan/

[64] Fabio L. Grassi, *Invisible Scapegoats. The Turkish dönmes*, in: Giuseppe Motta (ed.), *Dynamics and Policies of Prejudice from the Eighteenth to the Twenty-first Century*, Cambridge Scholards Publishing, Newcastle upon Tyne, 2018, pp. 123-133.

[65] Mim Kemal Öke, *The Ottoman Empire, Zionism, and the Question of Palestine (1880-1908)*, International Journal of Middle East Studies, Vol. 14, No. 3 (Aug., 1982), p. 331.

[66] Peter Levenda, *Satana e la svastica*, Mondadori, Milano 2011, p. 27.

[67] ASIM, Cessato catasto urbano fabbricati di Sanremo, vol. 548, partita 7432.

[68] *Elisa Bruno a Villa Maya*, "L'Eco di Sanremo", 4 marzo 1911 (citiamo da *La Gioconda* di Amilcare Ponchielli, libretto di Arrigo Boito, cantata in quell'occasione).

[69] Piero Chiara, *Vita di Gabriele D'Annunzio*, Mondadori, Milano 1978, pp. 225-226.

[70] *La vendita alla "Capponcina"*, "La Nazione", 4 giugno 1911.

[71] L'elenco dell'arredamento del Castello Devachan fu stilato in occasione dell'asta nell'aprile 1923. È conservato alla biblioteca comunale di Imperia.

[72] www.19thc-artworldwide.org/autumn17/catterson-on-from-florence-to-london-to-new-york-mr-morgan-s-bronze-doors

[73] "Il Pensiero di Sanremo", 29 agosto 1915.

[74] *Nozze cospicue*, "Il Pensiero di Sanremo", 6 febbraio 1916.

[75] www.ancestry.co.uk/genealogy/records/george-bainbridge-ritchie_108064612. Vedi inoltre: http://discovery.nationalarchives.gov.uk/details/r/C8006372

[76] ASIM, Cessato catasto urbano fabbricati di Sanremo, vol. 548, partita 7432; *Si rende noto*, "Il Pensiero di Sanremo", 16 luglio 1916.

[77] Annie Besant, *The Ancient Wisdom. An Outline of Theosophical Teachings*, Theosophical Publishing House, Adyar 1918, p. 137.

[78] Alfred Percy Sinnett, *Il Buddhismo Esoterico o Positivismo Indiano*, Marco Valerio, Torino 2007, p. 105.

[79] Rudolf Steiner, *La saggezza dei Rosacroce*, Editrice Antroposofica, Milano, 2013, p. 40.

[80] Barbara W. Tuchman, *Bible and Sword. England and Palestine from the Bronze Age to Balfour*, Random House, New York 2014, p. 223.

[81] *Il signor Veniselos a Sanremo*, "Il Pensiero di Sanremo", 30 dicembre 1917; *La politica greca secondo le dichiarazioni di Venizelos*, "La Stampa", 28 dicembre 1917.

[82] Germana Pareti, *La tentazione dell'occulto. Scienza ed esoterismo nell'età vittoriana*, Bollati Boringhieri, Torino 1990, pp. 176-177.

[83] Edwin Montagu, *The Anti-Semitism of the Present Government*, memorandum del 23 agosto 1917 (www.balfourproject.org/edwin-montagu-and-zionism-1917/)

[84] Jerry Klinger, *Reverend William E. Blackstone. Brandeis, Wilson and the Reverend who changed history*, "The Jewish Magazine", August 2010.

[85] Michael T. Benson, *Harry S. Truman and the Founding of the State of Israel*, Praeger, New York 1997, p. 19.

[86] Paolo Alatri, *Nitti, D'Annunzio e la questione adriatica (1919-1920)*, Feltrinelli, Milano 1959, pp. 416-417.

[87] *Documents on British Foreign Policy 1919-1939*, First Series, Volume VII 1920, Her Majesty's Stationery Office, London 1958, p. 389.

[88] *Une dangereuse proposition de M. Nitti*, "L'Écho de Paris", 4 marzo 1920; *Il Consiglio Supremo a Sanremo?*, "L'Eco della Riviera", 7 marzo 1920.

[89] Per i rapporti dell'ambasciata italiana a questo proposito vedi: ASMAE, Serie affari politici 1919-1930, Turchia, b. 1654.

[90] ASMAE, Serie affari politici 1919-1930, Turchia, b. 1657, telegramma del 15 marzo 1920 dell'ambasciatore italiano a Parigi, Lelio Bonin Longare, che riferisce a Nitti i timori espressi dal premier francese Alexandre Millerand, secondo cui i termini del trattato come erano concepiti avrebbero significato guerra con la Turchia, massacri di cristiani e invio di almeno 300 mila uomini.

[91] *La Conferenza della Pace*, "L'Eco della Riviera", 28 marzo 1920.

[92] *Documents on British Foreign Policy 1919-1939*, First Series, Volume VII 1920, Her Majesty's Stationery Office, London 1958, pp. 664-665.

[93] ACS, Carte Nitti, b. 24, fasc. 90, vari telegrammi tra il 26 e il 31 marzo 1920.

[94] Le carte indicano come data dell'atto di vendita il 21 maggio 1919; vedi: ASIM, Cessato catasto urbano fabbricati di Sanremo, vol. 551, partita 8193; vol. 552, partita 8364.

[95] Orazio Cancila, *Storia dell'industria in Sicilia*, Laterza, Roma-Bari 1995, pp. 197; 245.

[96] Vedi il suo nome in: Imita.db (IMprese ITAliane. Data Base). La Società chimica cuneese connette indirettamente Edoardo Meregaglia alle Terme di San Pellegrino, che attraverso la Banca commerciale italiana (Comit) collegavano l'industria climatico-termale del Ponente ligure e della Bergamasca.

97 ACS, Carte Nitti, b. 24, fasc. 90, 1° aprile 1920, telegramma di Persico per il cav. Trombetti: «Tutto regolato riguardo alloggi e locali. Sede Conferenza scelta splendida…». Gli altri componenti della missione erano Achille De Martino e Antonio Gualdi, uno addetto stampa e l'altro economo del ministero degli Interni.

98 *La conferenza della Pace*, "L'Eco della Riviera", 4 aprile 1920; stesso titolo e data per "Il Pensiero di Sanremo".

99 "L'Eco della Riviera", 11 aprile 1920.

100 *Castello Devachan*, "L'Eco della Riviera", 18 aprile 1920.

101 ACS, Carte Nitti, b. 27, fasc. 97, telegramma 10 aprile 1920.

102 ACS, Carte Nitti, b. 29, fasc. 97, sf. 6, il prefetto di Milano, Enrico Flores, a Nitti, 17 aprile 1920; ASIM, Prefettura I, Gabinetto, b. 57, fasc. 2, il sottoprefetto di Sanremo al prefetto di Porto Maurizio, 18 aprile 1920.

103 ACS, Carte Nitti, b. 28, tre telegrammi del 19 aprile 1920, due al prefetto di Milano e uno al capo di gabinetto del Ministero degli Interni, Oliviero Savini Nicci.

104 Nicholas Goodrick-Clarke, *Black Sun. Aryan Cults, Esoteric Nazism and the Politics of Identity*, New York University Press, New York 2002, p. 221.

105 *Mr. Lloyd George's Joke*, "The Times", 19 aprile 1920.

106 ACS, Carte Nitti, b. 28, telegramma al ministro dell'Industria, Dante Ferraris, del 18 aprile 1920.

107 Per una visione d'insieme rimandiamo a: Paul C. Helmreich, *From Paris to Sèvres. The Partition of the Ottoman Empire at the Peace Conference of 1919-1920*, Ohio State University Press, Columbus 1974; Arnold J. Toynbee, *Survey of International Affairs 1920-1923*, Oxford University Press, London 1927, pp. 9-12; Amedeo Giannini, *L'ultima fase della questione orientale (1913-1939)*, Istituto per gli studi di politica internazionale, Roma 1941, pp.47-74. Per la memorialistica vedi anche: David Lloyd George, *The Truth About the Peace Treaties*, Vol. II, Gollancs, London 1938.

108 Nel trattato di Sèvres sarebbe stata inserita la protezione degli assiro-caldei e una possibile autonomia del Kurdistan turco, che avrebbe potuto anche trasformarsi, previo consenso dello stato turco, in indipendenza e unificazione con la provincia irachena di Mosul, cioè, in pratica, con un'estensione del mandato britannico.

109 *Documents on British Foreign Policy 1919-1939*, First Series, Volume VIII 1920, Her Majesty's Stationery Office, London 1958, p. 58.

110 ACS, Carte Nitti, b. 29, appunto a mano.

111 *Documents on British Foreign Policy 1919-1939*, First Series, Volume VIII 1920, Her Majesty's Stationery Office, London 1958, pp. 91-92.

112 Mario Bassi, *La Conferenza di San Remo…*, "La Stampa", 22 aprile 1920.

113 https://wwi.lib.byu.edu/index.php/The_King-Crane_Report

[114] Per il rapporto della Commissione Palin vedi:
http://users.cecs.anu.edu.au/~bdm/yabber/yabber_palin.html (citazione al
punto 69). Su revisionismo e il suo fondatore vedi, in italiano: Vincenzo Pinto,
Imparare a sparare. Vita di Vladimir Ze'ev Jabotinsky padre del sionismo di destra,
Utet, Torino 2007.

[115] *An Interview with Lord Rothschild*, "The Jewish Chronicle", 23 aprile 1920.

[116] Verrier, Anthony (Ed.), *Agents of Empire. Anglo-Zionist Intelligence
Operations 1915-1919. Brigadier Walter Gribbon, Aaron Aaronsohn, and the NILI
Ring*, Brassey's, London 1995.

[117] I due documenti sono riportati in appendice solo al verbale in francese della
seduta di quel giorno conservato nell'archivio storico del MAE, e non nella
versione pubblicata: *Documents diplomatiques français, Annexes (10 janvier 1920-
31 décembre 1921)*, P.I.E.-Peter Lang, Bruxelles 2005 (per la seduta
pomeridiana del 24 aprile vedi pp. 161-175).

[118] ASMAE, Archivio conferenze 1885-1937, Conferenza di S. Remo,
posizione 30, seduta del 24 aprile 1920, p. 8.

[119] *Documents on British Foreign Policy 1919-1939*, First Series, Volume VIII
1920, Her Majesty's Stationery Office, London 1958, p. 166.

[120] ASMAE, Archivio conferenze 1885-1937, Conferenza di S. Remo,
posizione 30, seduta del 24 aprile 1920, p. 5.

[121] ASMAE, Archivio conferenze 1885-1937, Conferenza di S. Remo,
posizione 30, seduta del 24 aprile 1920, p. 19 (corsivo mio). Per la versione
inglese vedi: *Documents on British Foreign Policy 1919-1939*, First Series,
Volume VIII 1920, Her Majesty's Stationery Office, London 1958, p. 168.

[122] ASMAE, Archivio conferenze 1885-1937, Conferenza di S. Remo,
posizione 30, seduta del 24 aprile 1920, p. 23.

[123] *Documents on British Foreign Policy 1919-1939*, First Series, Volume VIII
1920, Her Majesty's Stationery Office, London 1958, pp. 169-170.

[124] Cynthia D. Wallace, *Foundations of the International Legal Rights of the
Jewish People and the State of Israel and Implications for the Proposed New
Palestinian State*, Creation House, Lake Mary FL 2012, p. 71.

[125] Suo fratello André, fondatore nel 1913 la Banque industrielle de Chine,
aveva collocato sul mercato francese obbligazioni del governo cinese. Ma la
sua attività era in crisi. Philippe Berthelot convinse allora Horace Finaly,
direttore della Banque de Paris et des Pays-bas, a salvare l'istituto del fratello
avvalendosi del sostegno del presidente del Consiglio, Aristide Briand. Il
ministro delle Finanze, Paul Doumer, alleato con la concorrente Banque
d'Indochine, era riluttante. Lo scandalo scoppiò il 30 giugno 1921, con la
chiusura della banca di André Berthelot. L'estrema destra monarchica partì
all'attacco, ma la grande stampa, in gran parte controllata da Horace Finaly,
difese i Berthelot. Philippe fu comunque costretto a dimettersi alla fine
dell'anno, seguito da Briand nel gennaio 1922. Poincaré, nuovo presidente del

Consiglio, condannò il segretario generale del ministero degli Esteri a dieci anni di sospensione dai pubblici uffici. Nel 1925, Briand, tornato al governo, lo reintegrò nelle sue mansioni.

[126] Robert Underwood Johnson, *Remembered Yesterdays*, Little, Brown and Co., Boston 1923, p. 528.

[127] *Trial and Error. The Autobiography of Chaim Weizmann*, Harper & Bro., New York 1949, pp. 257-261.

[128] *Jewish National Movement*, "The Jewish Chronicle", 13 ottobre 1920.

[129] Francesco Saverio Nitti, *Meditazioni dell'esilio*, Edizioni Scientifiche Italiane, Napoli 1947, pp. 373-374.

[130] Per una visione generale del processo rimandiamo al "classico": David Fromkin, *Una pace senza pace. La caduta dell'Impero ottomano e la nascita del Medio oriente moderno*, Rizzoli, Milano 2002. Vedi anche, tra altri: Nicola Maria Toraldo-Serra, *Diplomazia dell'imperialismo e questione orientale. La spartizione dell'Impero ottomano e la nascita del problema palestinese 1914-1922*, vol. I, Bulzoni, Roma 1988. Interessante e recente, sempre in italiano: Fabio Amodeo, Mario José Cereghino, *Lawrence d'Arabia e l'invenzione del Medio Oriente*, Feltrinelli, Milano 2017.

[131] Bernard Regan, *The Balfour Declaration. Empire, the Mandate and Resistance in Palestina*, Verso, London-New York 2017, p. 75.

[132] *Emir Faisal Opposes San Remo Decision*, "The Jewish Chronicle", 25 aprile 1920.

[133] Robert Underwood Johnson, *Remembered Yesterdays*, Little, Brown and Co., Boston 1923, p. 528.

[134] Il proclama, reperibile facilmente in rete, prosegue così: «Come combattente, non mi piace versare se non il sangue che brilla. Per ciò mando sopra la bisca protocollare una delle ali generose che risparmiarono la paura di Vienna. Quel che i Pacieri deliberano in vendimento e in compramento non importa. Il mio esempio d'irrisione e di ribellione è già seguito da tutti gli uomini liberi. E sarà superato. In onta alla imbecillissima burbanza britannica di Lord Curzon io mi glorio di essere e di voler essere quel famoso "avventuriero irresponsabile" che nessuno osa castigare. La grande Italia è con me in Fiume italiana, e resterà in Fiume italiana sempre. Immortalmente vittoriosa è Fiume con la sua fame, la sua miseria, il suo cruccio. Il mondo è diventato vile. Ha orrore delle armi. Non vuole e non sa più combattere. Il fango della trincea gli ingorga il fegato. Per forzare le sorti di Fiume italiana, bisogna combattere a oltranza e mettersi al rischio di provocare un incendio smisurato. Io so quel che dico. E so quel che ho preparato e preparo. Non ho minato soltanto il porto. I miei minatori travagliano da per tutto. Ma il mio demonio, come la figura del silenzio, ha un dito su la bocca. I Pacieri seduti intorno alla bisca pomposa mi sembrano non dissimili ai personaggi illustri d'un museo di cere. Io non so se siano più lugubri o più ridicoli. Di giorno e di

notte, i legni le maioliche i ferri battuti, ricomperati da Lord Mexborough presso chi sa quale antiquario usuraio, devono fendersi, torcersi e rompersi dalle risa. Hanno un fato le cose; ma le mie non s'attendevano un simile. Su animo, compari! Non abbiate paura. Rimanete seduti. Per questa volta il rombo del mio motore è innocuo. Ma la mia vecchia tavola di scrittore da lucerna scroscia danzando sopra un piede solo, diabolicamente. Alalà! *Fiume d'Italia, 27 aprile 1920.»*

[135] Francesco Saverio Nitti, *Scritti politici*, vol. VI (*Rivelazioni*), Laterza, Bari 1963, p. 77.

[136] Riccardo Mandelli, *L'ultimo sultano. Come l'Impero ottomano morì a Sanremo*, Torino, Lindau 2011.

[137] Francesco Saverio Nitti, *Scritti politici*, vol. VI (*Rivelazioni*), Laterza, Bari 1963, p. 83.

[138] *Mr. Lloyd George Explains Jewish National Home Policy: I Was Prime Minister when Balfour Declaration*, "Jewish Telegraphic Agency", 13 aprile 1931.

[139] *La favola di De Marinis*, "Corriere della Sera", 14 giugno 1964.

[140] Leo Perutz, *Il Maestro del Giudizio universale*, Adelphi, Milano 2012.

[141] Non avrà figli e resterà vedovo presto, nel 1933. Come John Horace sarà Justice of Peace e High Sheriff della sua contea, nel 1941. Morirà nel 1973. La proprietà di Belle Isle è ora un albergo 4 stelle. Per le notizie biografiche vedi principalmente: A. P. W. Malcomson, *Clogher Record*, Vol. 16, No. 2 (1998), pp. 7-44.

[142] ASIM, Cessato catasto urbano fabbricati di Sanremo, vol. 555, partita 9132.

[143] Kristin Thompson, *Government Policies and Practical Necessities in the Soviet Cinema of the 1920s*, in: Anna Lawton (Ed.), *The Red Screen. Politics, Society, Art in Soviet Cinema*, Routledge, London 1992.

[144] Jay Leyda, *Kino. A History of the Russian and Soviet Film*, Princeton University Press, Princeton 1983, pp. 126-128.

[145] La National City Bank aveva tre filiali in Russia, stabilite a partire dal 1917: Pietrogrado, Mosca e Vladivostok. Vennero chiuse il 13 marzo 1920 (www.citibank.ru/russia/citigroup/eng/history.htm). Per le "relazioni pericolose" tra grande capital e bolscevismo, che avrebbero condotto a un rapido ritorno di Trockij in Russia dagli Stati Uniti, vedi: Anthony C. Sutton, *Wall Street and the Bolshevik Revolution*, Arlington House, New York 1974.

[146] Jay Leyda, *Kino. A History of the Russian and Soviet Film*, Princeton University Press, Princeton 1983, p. 142 nota.

[147] Anatoli Filipov, *Occult Roots of the Russian Revolution*, in: *Le Christ rouge de la revolution (I). La Russie a l'assaut du Ciel*, Ars Regia, s.l s.a, pp. 113-123. Vedi anche: Francesco Dimitri, *Comunismo magico. Leggende, miti e visioni ultraterrene del socialismo reale*, Castelvecchi, Roma 2004. Sul rapporto tra

gnosticismo e socialismo: Eric Voegelin, *Il mito del mondo nuovo. Saggi sui movimenti rivoluzionari del nostro tempo*, Rusconi, Milano 1970; Luciano Pellicani, *La società dei giusti. Parabola storica dello gnosticismo rivoluzionario*, Rubbettino, Soveria Mannelli 2012.

[148] Karl Marx, *Manoscritti economico-filosofici del 1844*, Einaudi, Torino 1968, p. 154.

[149] *To Ask Indictment of Soviet Film Agent*, "The New York Times", 5 agosto 1921.

[150] Fabiano Scalabrini, *Sanremo Sanremo. I favolosi anni '30*, Casabianca, Sanremo 1988, p. 38.

[151] F. Scott Fitzgerald, *The High Cost of Macaroni*, racconto pieno di ironia sull'Italia scritto a Roma nell'inverno 1924/25 e lasciato incompiuto. Lo ha pubblicato "il manifesto" del 17 e 18 agosto 2011. Il brano su Sanremo porta la data di venerdì 31 ottobre [1924]. Secondo alcune fonti, Fitzgerald e Zelda passarono una notte al Royal.

[152] ASSR, Tribunale di San Remo, Sentenze civili, scatola 65, vol. 120.

[153] ASIM, Cessato catasto urbano fabbricati di Sanremo, vol. 525, partita 1663.

[154] *La sentenza della Cassazione per la causa Cibrario-U.R.S.S*, "La Stampa", 18 novembre 1931.

[155] Donald Gordon Bishop, *The Roosevelt-Litvinov Agreements. The American View*, Syracuse University Press, Syracuse 1965, pp. 193-194.

[156] Nel 1974 la BBC (BBC2 Playhouse) mandò in onda una specie di docu-fiction con Ben Kingsley nei panni di "Robert Cibrario".

[157] *Princess's Visit to Airplane Work*, "The Times", 6 ottobre 1917.

[158] *Voli sui mari e sui continenti*, "Corriere della Sera", 1° settembre 1927; *Fifteen Lives Lost in Ocean Flights*, "The New York Times", 3 settembre 1927.

[159] Riccardo Mandelli, *Al casinò con Mussolini. Gioco d'azzardo, massoneria ed esoterismo intorno all'ombra di Matteotti*, Lindau, Torino 2012.

[160] *Test Fishing Sold*, "The Times", 18 maggio 1929.

[161] www.museoscienza.org/dipartimenti/catalogo_collezioni/scheda_oggetto_asp?idk_in=ST120-00191.

[162] CAMCOM.MI, Registro delle ditte, fasc. 154.940 "Società Immobiliare Ligure Lombarda Milano".

[163] Hubert Bond, *Lieut.-Col. Thomas Edward Stansfield, C.B.E., M.B.Edin. (late R.A.M.C.)*, "British Journal of Psychiatry", Vol. 85, 358 (September 1939), pp. 1131–39.

[164] https://patentssearch.org/topic/lifting-apparatus?p=8 (GB-340546-A: *Improvements in and relating to lifting apparatus or emergency supports for use on self-propelled vehicles.*

[165] Fabiano Scalabrini, *Sanremo Sanremo. I favolosi anni '30*, Casabianca, Sanremo 1988, p. 38 (Scalabrini era il compagno di bridge del colonnello Stansfield).

[166] L'altro *russkij ugolòk*, o angolino-rifugio dei russi, era una casetta in via Primavera abitata da Aleksandr Sergeevič Botkin e da sua moglie, Marija Pavlovna Tret'jakova. Botkin era fratello del medico personale dello zar, fucilato con tutti i Romanov a Ekaterinburg nel 1918, più o meno mentre Cibrario firmava il suo contratto i soviet. Alla fine del 1920 era riuscito a raggiungere Costantinopoli assieme ai resti dell'armata di Wrangel; poi si era stabilito a Sanremo, dove faceva un po' tutto, dal ricercatore scientifico al contadino. Vedi: Piero Cazzola e Marina Moretti, *I russi a Sanremo tra Ottocento e Novecento*, Comune di Sanremo, Sanremo 1988, pp. 59-67; Amelia Battistelli Zaoli, *Aleksandr Sergeevič Botkin*, Casabianca, Sanremo 1996.

[167] Gershom Scholem (Ed.), *The Correspondence of Walter Benjamin and Gershom Scholem, 1932-1940*, Harvard University Press, Cambridge Mass. 1992, p. 148 (Benjamin a Scholem da Sanremo, 26 dicembre 1934).

[168] Judith Friedlander, *Religious Metaphysics and the Nation-State: The Case of Oskar Goldberg*, In: "Social Research", Vol. 59, No. 1, Religion and Politics (Spring 1992), pp. 151-168.

[169] Pekka Ervast, *H. P. B. Four episodes from the life of The Sphinx of the XIXth Century*, Theosophical Publishing House, London 1933 (edizione originale finlandese del 1931; H. P. B. sta, ovviamente, per Helena Petrovna Blavatsky).

[170] ACS, MI, PS, Affari generali e riservati, Associazioni G1, b. 28, 22 marzo 1928.

[171] Archivio Centrale dello Stato, Ministero degli Interni, Polizia Politica Fascicoli Personali, busta 1296, fasc. "Spaini Marco", 23 ottobre 1938.

[172] George L. Mosse, *Il dialogo ebraico-tedesco. Da Goethe a Hitler*, Giuntina, Firenze 1988, p. 36.

[173] Tom Segev, *Il settimo milione. Come l'Olocausto ha segnato la storia d'Israele*, Mondadori, Milano 2001, pp. 15-32; per un riassunto del dibattito e le critiche avanzate al libro di Segev, vedi: Ilan Greilsammer, *Il sionismo*, il Mulino, Bologna 2007, pp. 87-92.

[174] https://en.wikisource.org/wiki/Zionist_Peel_Commission_resolution

[175] Arturo Marzano, *Storia dei sionismi. Lo Stato degli ebrei da Herzl a oggi*, Carocci, Roma 2017, p. 108.

[176] Tom Segev, *Il settimo milione. Come l'Olocausto ha segnato la storia d'Israele*, Mondadori, Milano 2001, p. 265.

[177] Barnet Litvinoff (Ed.), *The Letters and Papers of Chaim Weizmann. Series B*, Vol. II, Dec. 1931-Apr. 1952, Transactions Books-Israel Universities Press, New Brunswick-Jerusalem 1984, p. 286.

[178] Vedi la lettera di difesa dell'operato britannico scritta al "Times" dal capo rabbino Solomon Schonfeld. I capi del sionismo avrebbero replicato: «Ogni

nazione aveva avuto i suoi morti nella lotta per la patria, e i morti sotto Hitler sono quelli della nostra lotta» (*Defence of Jews*, "The Times", 6 giugno 1961).
[179] Tom Segev, *Il settimo milione. Come l'Olocausto ha segnato la storia d'Israele*, Mondadori, Milano 2001, pp. 467-468.
[180] Renato Tavanti, *Sanremo "nido di vipere"*, vol. I, Atene, Arma di Taggia 2005, p. 157.
[181] ISRECIM, cartella "Eccidio Devachan", memoria di Natale Massai.
[182] Italo Calvino, *Il sentiero dei nidi di ragno*, in: *Romanzi e racconti*, vol. 1, Mondadori, Milano 1991, p. 32.
[183] Carlo Gentile, *Intelligence e repressione politica. Appunti per la storia del servizio di informazioni SD in Italia 1940-1945* (www.academia.edu/366435/I_servizi_segreti_tedeschi_in_Italia_1943-1945).
[184] Zentrale Stelle der Landesjustizverwaltungen Ludwigsburg (ZSL), 518 AR-Z 4/63, vol. 7, verbale di interrogatorio di Josef Reiter, Bremerhaven, 16 giugno 1964.
[185] Andrea Gandolfo, *Sanremo in guerra 1940-1945*, Dominici, Imperia 2003, p. 200.
[186] La data dell'eccidio è spesso indicata come 5 marzo 1945, ma i documenti originali la fissano chiaramente nelle prime ore del giorno 6.
[187] Oltre alla documentazione primaria presente in: ISRECIM, cartella "Eccidio/Rappresaglia Devachan", vedi: *Storia della Resistenza imperiese (I Zona Liguria)*, vol. V, Istituto storico della Resistenza e dell'Età contemporanea di Imperia, Imperia 2016. Vedi inoltre: *Atlante delle Stragi Naziste e Fasciste in Italia* (www.straginazifasciste.it/).
[188] ASIM, Cessato catasto urbano fabbricati di Sanremo, vol. 564, partita 11154.
[189] *Vivono di cartoline gli ultimi "fedelissimi" dello zar*, "La Stampa", 10 ottobre 1971.
[190] "La Stampa", 7 ottobre 1958, rubrica "Fallimenti", Sanremo.
[191] Italo Calvino, *La speculazione edilizia*, in: *Romanzi e racconti*, vol. 1, Mondadori, Milano 1991, p. 781.
[192] Romano Lupi e Riccardo Mandelli, *Il libro nero del Festival di Sanremo*, Odoya, Bologna 2016.
[193] *Abusi al Castello Devachan?*, "La Stampa", 27 aprile 1997. Copia del decreto di vincolo in: www.liguriavincoli.it/dati_tab.asp?COMUNE=008055&VINCOLO=VINC_V_STO_ART_P
[194] *Vipera uccisa in centro a Sanremo*, "La Stampa", 10 luglio 1991.
[195] https://archive.org/details/CongressionalRecordRegardingBritish-khazarZionistWorldGovernmentAndTha/page/n13

[196] Riccardo Mandelli, *Grande Albergo delle Rose [Rodi. L'Italia. Giocatori e spie: 1912-1949]*, Atene, ETPbooks 2021.

[197] http://archive.jewishagency.org/israel/content/23395

[198] *Dichiarazioni del Ministro…*, Messaggero di Rodi, 5 aprile 1939.

[199] Il re giordano 'Abd Allā h, di cui abbiamo già fatto la conoscenza, accusato di tradimento della causa palestinese, venne assassinato nel 1951 a Gerusalemme mentre usciva dalla moschea di Omar, dove si era recato a pregare.

[200] Lo *shofar* è un corno di montone usato come strumento musicale in alcune feste religiose ebraiche.

[201] Citato in: Arturo Marzano, *Storia dei sionismi. Lo Stato degli ebrei da Herzl a oggi*, Carocci, Roma 2017, p. 138 (per la citazione di poco successiva vedi p. 142).

[202] www.jewishvirtuallibrary.org/christian-zionism

[203] Ronnie Dugger, *Does Reagan Expect a Nuclear Armageddon*, "The Washington Post", 8 aprile 1984.

[204] Rammy Haija, *The Armageddon Lobby. Dispensationalist Christian Zionism and the Shaping of US Policy Towards Israel-Palestine*, "Holy Land Studies" 5(1), pp. 75–95, 2006.

[205] www.kelebekler.com/christianzionism-it.htm

[206] L'emittente turca TRT World ha rilasciato un video del 2001 in cui Netanyahu, parlando in privato, sostiene di non preoccuparsi delle reazioni negative agli attacchi israeliani contro i palestinesi perché alla fine l'opinione pubblica americana è in larga misura dalla sua parte.

[207] Arturo Marzano, *Storia dei sionismi. Lo Stato degli ebrei da Herzl a oggi*, Carocci, Roma 2017, p. 186.

[208] www.ec4i.org; https://de.wikipedia.org/wiki/European_Coalition_for_Israel

[209] Jacques Paul Gauthier, *Sovereignty over the Old City of Jerusalem. A Study of the Historical, Religious, Political and Legal Aspects of the Question of the Old City*, Thesis no. 725, University of Geneva, 2007.

[210] Howard Grief, *The Legal Foundation and Borders of Israel Under International Law. A Treatise of Jewish Sovereignty over the Land of Israel*, Mazo, Jerusalem 2008, p. 38 (Grief riporta le riserve di Millerand e Berthelot, ma senza attribuirvi alcun peso).

[211] Abe Selig, *MK Vows to "Raise Awareness of Israel's Rights"*, "Jerusalem Post", 26 aprile 2010.

[212] Ibidem

[213] Eli E. Hertz, *This Land is My Land. "Mandate for Palestine". The Legal Aspects of Jewish Rights*, Myths and Facts, New York 2008; www.edipi.net/index.php?option=com_k2&view=item&id=6212:90-

anniversario-della-dichiarazione-di-san-remo (con foto anche di interni della villa).

[214] Nel 2023 è apparso anche *Left Behind. Rise of the Antichrist*.

[215] https://mailchi.mp/ec4i/13kx67b93p?e=5df8e22d9c

[216] Mario Toscano, *La porta di Sion. L'Italia e l'immigrazione clandestina ebraica in Palestina (1945-1948)*, il Mulino, Bologna 1991.

[217] Sui possibili rapporti tra forze israeliane di governo e Hamas vedi per esempio: Adam Raz, *A Brief History of Netanyahu-Hamas Alliance*, "Haaretz", 20 ottobre 2023.

[218] Per un esame della norma vedi: *Israele lo stato degli ebrei*, "Limes", 9/2018. La legge è stata convalidata dalla Corte Suprema nel 2021.

[219] I confini della Terra d'Israele sono principalmente definiti in: Genesi 15:18-21, Numeri 34:1-15 ed Ezechiele 47:13-20.

[220] https://unitycoalitionforisrael.org/?page_id=13768

[221] www.apocalypsesoon.org/I/i-xfile-26.html (con alcuni ritocchi della traduzione italiana; file inglese in: www.foi.org/free_resource/gog-magog/, 24 luglio 2012).

[222] Eugenio Scalfari, *Quel pianto di Bush sulla spalla di Dio*, "la Repubblica", 7 settembre 2007. Commento finale caustico: «Credo che Bush sia stato sincero. E questo in realtà è il guaio peggiore che possa capitarci».

[223] Stephen Sizer, *Christian Zionism. Road-map to Armageddon?*, InterVarsity Press, Downers Grove 2004; Victoria Clark, *Allies for Armageddon. The Rise of Christian Zionism*, Yale University Press, New Haven 2007.

[224] David Brog, Executive Director di Christians United for Israel, citato in: www.christians-standing-with-israel.org/Theological-Background-Christian-Zionism-Reconciliation.html

[225] Giulio Gavino, *L'Anpi e i "martiri scomodi" del Castello Devachan*, "La Stampa", 30 aprile 2013.

[226] Di più si può trovare nel suo volume: *Regola della Guerra e Apocalisse*, Alkaest, Genova 1982.

[227] Il 4 maggio, non riuscendo ad accordarsi con Naftali Bennett, leader del partito di destra Yamina, Netanyahu avrebbe rimesso il mandato a Rivlin. Bennett diventa premier fino al luglio 2022, seguito per rotazione dal suo alleato Lapid fino alla fine dello stesso anno. Netanyahu sarebbe tornato al governo il 29 dicembre 2022, dopo avere vinto le elezioni del 1° novembre con una coalizione formata da Likud, Partito Sionista Religioso, Giudaismo Unito nella Torah e Shas.

[228] Articolo e video in: www.sanremonews.it/2021/04/26/leggi-notizia/articolo/ieri-sera-per-ricordare-la-conferenza-del-1920-e-stata-inaugurata-a-netanya-in-israele-piazza-sanr.html

[229] www.israelhayom.com/2019/07/16/italy-confirms-former-israel-hayom-columnist-dror-eydars-as-ambassador/

230 www.sanremonews.it/2020/02/11/leggi-notizia/argomenti/politica-1/articolo/il-26-aprile-al-castello-devachan-il-ricordo-della-conferenza-di-sanremo-questa-mattina-la-visita.html

231 www.regione.liguria.it/homepage-giunta/giunta-regionale/comunicati-stampa-della-giunta-regionale/item/29794-toti-incontra-ambasciatore-israeliano.html

232 www.sanremonews.it/2021/04/29/leggi-notizia/argomenti/altre-notizie/articolo/anche-il-ministero-del-turismo-di-israele-in-citta-per-il-100-anniversario-della-conferenza-di-sa.html

233 "Conta" latina da cui deriverebbe il nostro: Ambarabà ciccì coccò.

234 www.sanremonews.it/2021/04/28/leggi-notizia/argomenti/altre-notizie/articolo/al-castello-devachan-rivive-il-ricordo-della-conferenza-di-sanremo-1920-oggi-la-visita-dellambas.html

235 www.bnaibrith.org/liaison-committee-israeli-christians-breaking-free-html

236 Dror Eydar, *All'arco di Tito. Un ambasciatore d'Israele nel Belpaese*, Salomone Belforte & C., Livorno 2022, p. 248.

237 «Dopo il 7 ottobre, ogni persona nel mondo che minaccerà un ebreo, che vuole uccidere un ebreo, deve morire. Per noi, lo scopo è distruggere Gaza, distruggere questo male assoluto. Distruggere coloro che vogliono distruggerci». Così Eydar, che nel 2022 ha cessato la sua carica di ambasciatore israeliano in Italia, durante la trasmissione del programma di Rete 4 "Stasera Italia" del 26 ottobre 2023.

238 Eydar, *Op. cit.*, p. 406.

239 Eydar, *Op. cit.*, p. 443.

240 Yuval Noah Harari, *Homo Deus. Breve storia del futuro*, Bompiani, Milano 2017.

241 Moshe Idel, *Il male primordiale nella Qabbalah. Totalità, perfezionamento, perfettibilità*, Adelphi, Milano 2016.

242 www.leonardcohen.it/discografia/various-positions/hallelujah/ (il brano della canzone citato più sotto – una delle sue varianti – è tradotto dall'autore).

www.ingramcontent.com/pod-product-compliance
Lightning Source LLC
Chambersburg PA
CBHW070931260726
48661CB00003B/940